MARCHA CRIANÇA

2

MATEMÁTICA

CB142151

Maria Teresa Marsico

Professora graduada em Letras pela Universidade Federal do Rio de Janeiro (UFRJ) e em Pedagogia pela Sociedade Unificada de Ensino Superior Augusto Motta.
Atuou por mais de trinta anos como professora de Educação Infantil e Ensino Fundamental das redes municipal e particular no município do Rio de Janeiro.

Armando Coelho de Carvalho Neto

Atua desde 1981 com alunos e professores das redes oficial e particular de ensino do Rio de Janeiro. Desenvolve pesquisas e estudos sobre metodologias e teorias modernas de aprendizado. É autor de obras didáticas para Ensino Fundamental e Educação Infantil desde 1993.

editora scipione

editora scipione

Diretoria de conteúdo e inovação pedagógica
Mário Ghio Júnior
Diretoria editorial
Lidiane Vivaldini Olo
Gerência editorial
Luiz Tonolli
Editoria de Anos Iniciais
Tatiany Telles Renó
Edição
Tatiany Telles Renó e
Nathalia de Oliveira Matsumoto
Arte
Ricardo de Gan Braga (superv.),
Andréa Dellamagna (coord. de criação),
Gláucia Correa Koller (progr. visual de capa e miolo),
Elen Coppini Camioto (editora de arte) e
Christine Getschko (assist. de arte)
Revisão
Hélia de Jesus Gonsaga (ger.),
Rosângela Muricy (coord.), Ana Curci (prep.),
Luís Maurício Boa Nova, Vanessa de Paula Santos
e Brenda Morais (estag.)
Iconografia
Sílvio Kligin (superv.), Tamires Reis Castillo (pesquisa),
César Wolf e Fernanda Crevin (tratamento de imagem)
Ilustrações
ArtefatoZ (capa), Juan Carlos Federico (aberturas),
Ilustra Cartoon e Kanton e Silvana

Direitos desta edição cedidos à Editora Scipione S.A.
Avenida das Nações Unidas, 7221, 3º andar, Setor D
Pinheiros – São Paulo – SP – CEP 05425-902
Tel.: 4003-3061
www.scipione.com.br / atendimento@scipione.com.br

2019

ISBN 978 85 262 9616 9 (AL)
ISBN 978 85 262 9615 2 (PR)
Cód. da obra CL 738971
CAE 541 702 (AL) / 541 682 (PR)
5ª edição
9ª impressão
Impressão e acabamento
A.R. Fernandez

Dados Internacionais de Catalogação na Publicação (CIP)
(Câmara Brasileira do Livro, SP, Brasil)

Marsico, Maria Teresa
Marcha criança : educação infantil : matemática / Maria Teresa Marsico, Armando Coelho de Carvalho Neto. -- 5. ed. -- São Paulo : Scipione, 2015. -- (Coleção marcha criança)

Obra em 3 v.

1. Matemática (Educação infantil) I. Carvalho Neto, Armando Coelho de. II. Título. III. Série.

15-02790 CDD-372.21

Índice para catálogo sistemático:
1. Matemática : Educação infantil 372.21

PREPARAMOS ESTE LIVRO COM MUITO CARINHO ESPECIALMENTE PARA VOCÊ. ELE ESTÁ REPLETO DE SITUAÇÕES E ATIVIDADES MOTIVADORAS, QUE CERTAMENTE DESPERTARÃO SEU INTERESSE E LHE PROPORCIONARÃO MUITAS DESCOBERTAS. ESPERAMOS QUE COM ELE VOCÊ ENCONTRE SATISFAÇÃO NO CONSTANTE DESAFIO DE APRENDER!

OS AUTORES

Os textos sem referência são de autoria de Maria Teresa Marsico e Armando Coelho.

CONHEÇA SEU LIVRO

COM A COLEÇÃO **MARCHA CRIANÇA** VOCÊ APRENDE BRINCANDO!

RODA DE CONVERSA

EM CADA INÍCIO DE UNIDADE, VOCÊ SERÁ CONVIDADO A TROCAR EXPERIÊNCIAS, CONVERSANDO COM SEUS COLEGAS SOBRE ASSUNTOS VARIADOS.

O TEMA É...

ESTA SEÇÃO VAI FAZER VOCÊ REFLETIR E COMPREENDER MELHOR O MUNDO EM QUE VIVEMOS.

ALMANAQUE DOS NÚMEROS

ESTE É UM MATERIAL À PARTE CHEIO DE ATIVIDADES EXTRAS PARA VOCÊ CONTINUAR APRENDENDO E SE DIVERTINDO.

FAZENDO ARTE

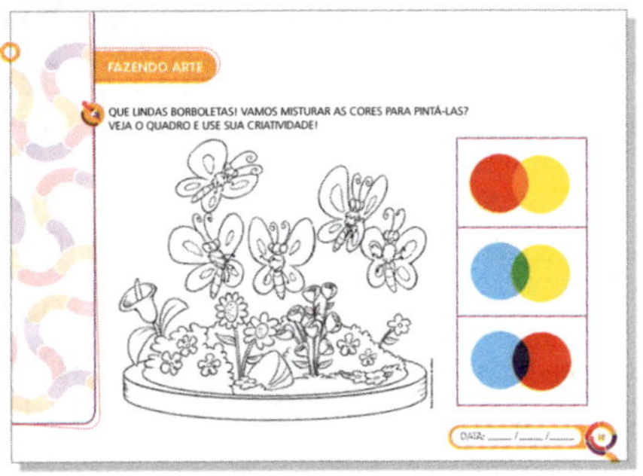

ESTA SEÇÃO TRAZ PROPOSTAS DE ATIVIDADES ARTÍSTICAS, ÓTIMAS PARA DESENVOLVER A CRIATIVIDADE.

SUGESTÕES PARA O ALUNO

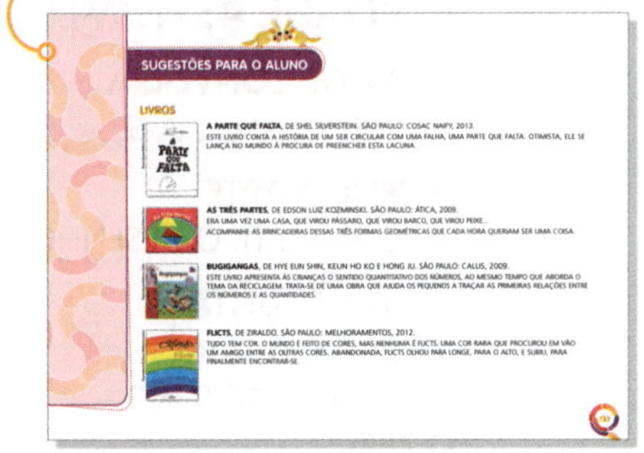

NESTAS PÁGINAS, INDICAÇÕES DE LIVROS, CDs E DVDs PARA COMPLEMENTAR OS TEMAS ESTUDADOS.

HORA DE BRINCAR

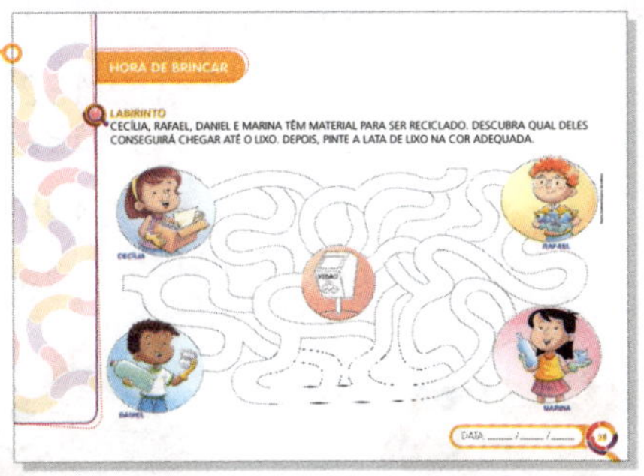

NESTA SEÇÃO, VOCÊ VAI SE DIVERTIR COM JOGOS, BRINCADEIRAS E PASSATEMPOS MUITO INTERESSANTES!

MATERIAL DE APOIO E ADESIVOS

NO FINAL DO LIVRO, VOCÊ ENCONTRARÁ MATERIAIS PARA REALIZAR ALGUMAS ATIVIDADES DE MANEIRA DIVERTIDA.

ÍCONES

AO LONGO DO LIVRO VOCÊ VAI ENCONTRAR OS ÍCONES A SEGUIR, QUE DÃO DICAS SOBRE AS ATIVIDADES.

ADESIVO — COLAGEM — CONFECÇÃO — DESENHO — EXPRESSÃO CORPORAL

EXPRESSÃO ORAL — LEITURA — PERCEPÇÃO VISUAL — PINTURA — TRAÇADO

SUMÁRIO

Ilustrações: Juan Carlos Federico/Arquivo da editora

UNIDADE 1

UM MUNDO DE CORES, TAMANHOS E MUITO MAIS

Juan Carlos Federico/Arquivo da editora

RODA DE CONVERSA

AS CRIANÇAS PARECEM ESTAR SE DIVERTINDO BASTANTE.
VOCÊ REPAROU NAS CORES DA BOLA? QUAIS SÃO?

Ilustra Cartoon/Arquivo da editora

QUAL É A SUA COR PREFERIDA?

DATA: ____ /____ /____

CORES

EXISTEM MUITAS CORES DIFERENTES.
USE SUAS CORES PREFERIDAS PARA PINTAR O DESENHO DESTA PÁGINA.

AGORA VAMOS PINTAR
UM MUNDO MAIS COLORIDO
E SE A COR SE MISTURAR
VAI FICAR MAIS DIVERTIDO

Kanton e Silvana/Arquivo da editora

DATA: ____/____/____

ACOMPANHE A LEITURA DO PROFESSOR. DEPOIS DESTAQUE OS ADESIVOS DE BORBOLETAS DO FINAL DO LIVRO.

COLE AS BORBOLETAS NO CANTEIRO DAS FLORES **AMARELAS**.

COLE AS BORBOLETAS NO CANTEIRO DAS FLORES **AZUIS**.

Kanton e Silvana/Arquivo da editora

HÁ MUITO TEMPO,
NÃO MUITO LONGE DAQUI,
HAVIA UM REINO MUITO ENGRAÇADO.
TODAS AS COISAS ERAM SEPARADAS PELA COR.

ROMEU E JULIETA, DE RUTH ROCHA.
SÃO PAULO: SALAMANDRA, 2009.

DATA: _____ /_____ /_____

NO REINO ENCANTADO, NADA SE MISTURAVA.
TRACE LINHAS PARA LIGAR AS FLORES QUE TÊM A MESMA FORMA.
DEPOIS PINTE AS FLORES IGUAIS USANDO AS MESMAS CORES.

Ilustrações: Kanton e Silvana/
Arquivo da editora

FORA DO REINO, AS CORES SE MISTURAM.
PINTE AS LATAS E VEJA QUAIS CORES SURGEM QUANDO FAZEMOS ESSAS MISTURAS.

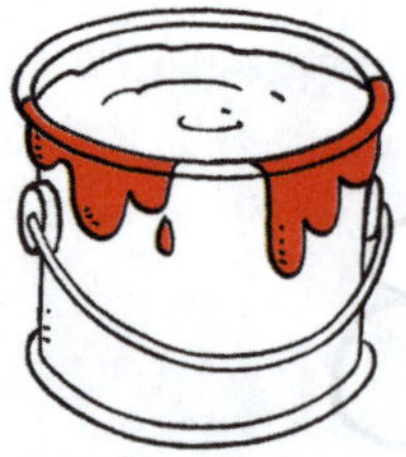
VERMELHO

+

AMARELO

→

LARANJA

Ilustrações: Kanton e Silvana/Arquivo da editora

AZUL

+

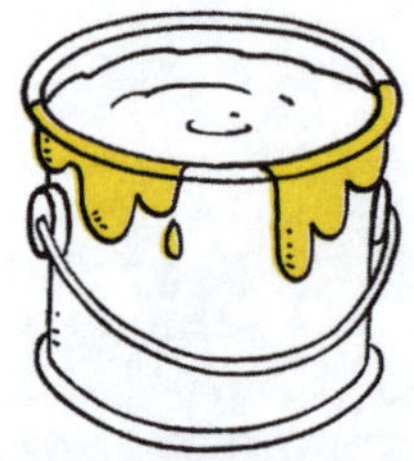
AMARELO

→

VERDE

AZUL

+

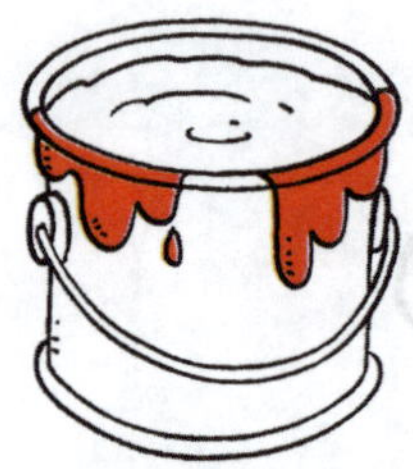
VERMELHO

→

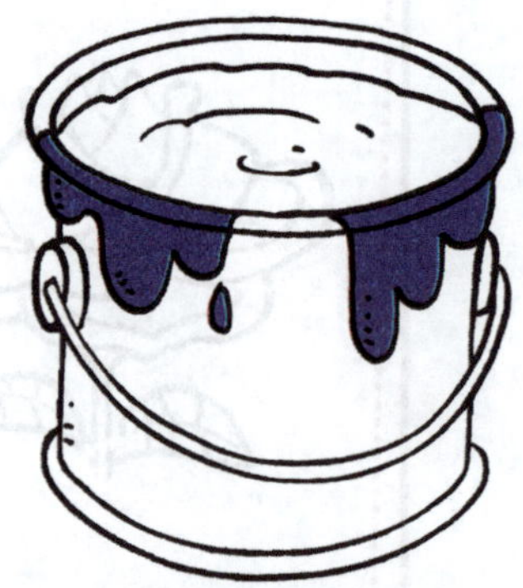
ROXO

NO REINO, TAMBÉM HAVIA ÁRVORES E PLANTAS FRUTÍFERAS.
PINTE AS FRUTAS DO CESTO COM AS CORES INDICADAS E VEJA QUAIS CORES SURGEM.

MORANGOS =
BANANAS =
LARANJAS = +
MEXERICAS = +
UVAS = +

Ilustra Cartoon/Arquivo da editora

DATA: _____ /_____ /_____

FAZENDO ARTE

QUE LINDAS BORBOLETAS! VAMOS MISTURAR AS CORES PARA PINTÁ-LAS?
VEJA O QUADRO E USE SUA CRIATIVIDADE!

Ilustra Cartoon/Arquivo da editora

O TEMA É...

CORES DA RECICLAGEM!

AS CORES DOS CESTOS DE LIXO INDICAM OS DIFERENTES MATERIAIS QUE PODEM SER RECICLADOS. LIGUE CADA EMBALAGEM AO CESTO DE LIXO ADEQUADO.

hunta/Shutterstock/Imageplus

Magicoven/Shutterstock/Imageplus

Aaron Stein/Shutterstock/Imageplus

Feng Yu/Shutterstock/Imageplus

AZUL = PAPEL

VERMELHO = PLÁSTICO

AMARELO = METAL

VERDE = VIDRO

Fotos: Divulgação/Arquivo da editora

NOÇÕES DE GRANDEZA

VEJA A COLEÇÃO DE BOLAS DE PEDRO.
PINTE A BOLA **MAIOR**.
FAÇA UM **X** NA BOLA **MENOR**.

Ilustra Cartoon/Arquivo da editora

VEJA A COLEÇÃO DE BONECAS DE DÉBORA.
PINTE AS BONECAS QUE TÊM O **MESMO TAMANHO**.

Ilustra Cartoon/Arquivo da editora

DATA: _____ /_____ /_____

DESTAQUE OS ADESIVOS DE CARROS DO FINAL DO LIVRO E AJUDE MARCELO A ORGANIZAR SUA COLEÇÃO.

PEQUENO	MÉDIO	GRANDE

O PIPOQUEIRO VENDE SACOS DE PIPOCA **GRANDES**, **MÉDIOS** E **PEQUENOS**.
PEDRO COMPROU O SACO MÉDIO, E DÉBORA, O SACO GRANDE.
CIRCULE O SACO DE PIPOCAS DE PEDRO E FAÇA UM **X** NO SACO DE PIPOCAS DE DÉBORA.

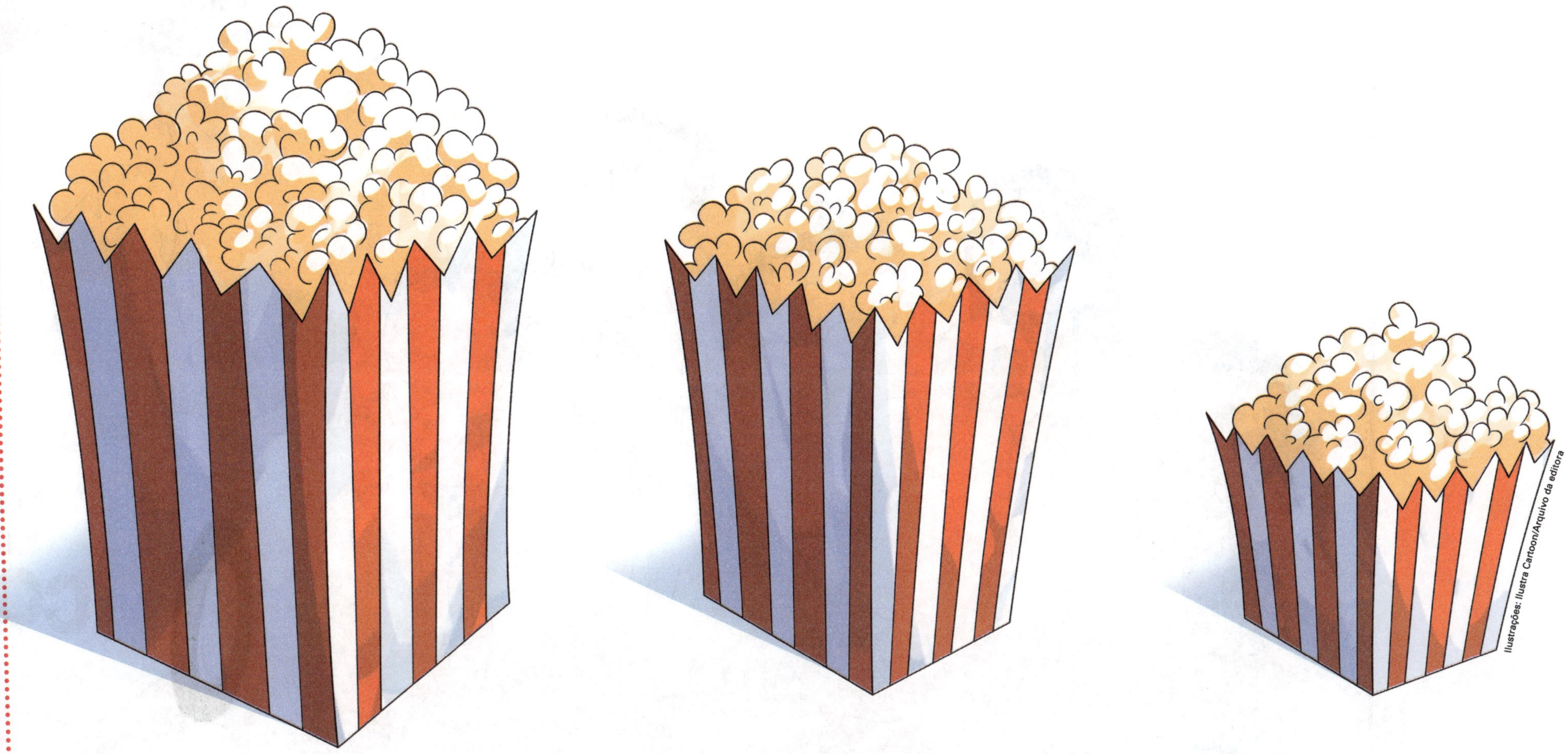

Ilustrações: Ilustra Cartoon/Arquivo da editora

DATA: ____ /____ /____

OS AMIGOS DE PEDRO ESTÃO SE DIVERTINDO NA PRAIA.
MARQUE COM UM **X** A CRIANÇA **MAIS ALTA**.
CIRCULE A CRIANÇA **MAIS BAIXA**.

Ilustra Cartoon/Arquivo da editora

ESTAS CRIANÇAS GOSTAM DE PULAR CORDA.
PINTE DE [azul] A CORDA **MAIS COMPRIDA** E DE [amarelo] A CORDA **MAIS CURTA**.

VAMOS PULAR,
PULAR CORDA,
VAMOS PULAR,
PULAR SEM ERRAR.

Ilustra Cartoon/Arquivo da editora

DÉBORA GANHOU UM LINDO CACHORRINHO DE RABO BEM **CURTO**.
ENCONTRE E CIRCULE O CACHORRINHO DE DÉBORA.

Ilustra Cartoon/Arquivo da editora

DATA: _____ /_____ /_____

A CASA DO CÃO DE FÁBIO TEM A PORTA **ESTREITA**. A CASA DO CÃO DE JÚLIO TEM A PORTA **LARGA**.

LIGUE CADA CACHORRO À RESPECTIVA CASA.

FÁBIO

JÚLIO

Ilustra Cartoon/Arquivo da editora

FÁBIO ADORA SEUS LÁPIS DE COR. VAMOS AJUDÁ-LO A ORGANIZÁ-LOS?
DESTAQUE OS LÁPIS QUE ESTÃO NA PÁGINA 3 DO **MATERIAL DE APOIO** E COLE-OS NOS QUADROS. COMECE COLANDO O **MAIS FINO** ATÉ CHEGAR AO **MAIS GROSSO**.

DATA: _____ /_____ /_____

OS LIVROS QUE DÉBORA GANHOU SÃO OS **MAIS FINOS**. OS LIVROS QUE RITA GANHOU SÃO OS **MAIS GROSSOS**.

CIRCULE COM LÁPIS COLORIDO OS LIVROS DE RITA.

PINTE OS LIVROS DE DÉBORA.

Ilustra Cartoon/Arquivo da editora

CLASSIFICAÇÃO E AGRUPAMENTO

PINTE DA MESMA COR OS OBJETOS QUE TÊM **FORMAS IGUAIS**.

Ilustra Cartoon/Arquivo da editora

VEJA AS CONSTRUÇÕES QUE OS ALUNOS FIZERAM.
CIRCULE AS CONSTRUÇÕES QUE TÊM A MESMA FORMA.

Ilustrações: Ilustra Cartoon/Arquivo da editora

DATA: _____ /_____ /_____

BIA FOI AO SUPERMERCADO COM A MÃE.
CIRCULE O PRODUTO QUE NÃO FAZ PARTE DO GRUPO DE ALIMENTOS.

Ilustra Cartoon/Arquivo da editora

DATA: _____ /_____ /_____

VEJA AS FIGURAS DO JOGO DA MEMÓRIA QUE PEDRO GANHOU. ASSINALE COM UM **X** AS CARTAS **IGUAIS** DE CADA LINHA.

Ilustrações: Kanton/Arquivo da editora

DATA: _____ /_____ /_____

NOÇÕES DE POSIÇÃO

A GATINHA DE RITA TEVE FILHOTES.
PINTE DE:
O FILHOTE QUE ESTÁ **MAIS PERTO** DA MÃE.
O FILHOTE QUE ESTÁ **MAIS LONGE** DA MÃE.

Ilustra Cartoon/Arquivo da editora

DATA: _____ /_____ /_____

RITA ESTÁ DE OLHOS VENDADOS BRINCANDO DE CABRA-CEGA COM OS AMIGOS.

PINTE DE:

- (verde) A ROUPA DA CRIANÇA QUE ESTÁ **À DIREITA** DE RITA.
- (amarelo) A ROUPA DA CRIANÇA QUE ESTÁ **À ESQUERDA** DE RITA.

Ilustra Cartoon/Arquivo da editora

DATA: _____ /_____ /_____

OUTRAS CRIANÇAS TAMBÉM ESTÃO BRINCANDO DE CABRA-CEGA.
CIRCULE QUEM ESTÁ **DE FRENTE**.
PINTE QUEM ESTÁ **DE COSTAS**.

Ilustra Cartoon/Arquivo da editora

DATA: _____ /_____ /_____

O ÔNIBUS ESCOLAR VAI LEVAR AS CRIANÇAS DE VOLTA PARA CASA.
CIRCULE AS CRIANÇAS QUE ESTÃO **DENTRO** DO ÔNIBUS.
FAÇA UM **X** NAS CRIANÇAS QUE ESTÃO **FORA** DO ÔNIBUS.

Ilustra Cartoon/Arquivo da editora

DATA: _____ /_____ /_____

NO CAMINHO, O ÔNIBUS PASSOU PERTO DO CINEMA. VEJA A SETA QUE INDICA O CAMINHO PARA ENTRAR NO CINEMA.

CIRCULE AS PESSOAS QUE ESTÃO CAMINHANDO NO **MESMO SENTIDO** DA SETA.

MARQUE COM UM X AS PESSOAS QUE ESTÃO CAMINHANDO EM **SENTIDO CONTRÁRIO** AO DA SETA.

Ilustra Cartoon/Arquivo da editora

DATA: ____ /____ /____

VEJA AS CRIANÇAS NA FILA DE ENTRADA DO TEATRO.
CIRCULE A CRIANÇA QUE ESTÁ **NA FRENTE**.
MARQUE UM **X** NA CRIANÇA QUE ESTÁ **ATRÁS** DE TODAS.
PINTE A CRIANÇA QUE ESTÁ **ENTRE** AS DUAS.

Ilustra Cartoon/Arquivo da editora

DATA: _____ /_____ /_____

NO TEATRO, ALGUMAS CRIANÇAS SENTARAM NA PARTE DE CIMA, E OUTRAS, NA PARTE DE BAIXO. PINTE DE:

- A ROUPA DAS CRIANÇAS QUE ESTÃO NA PARTE DE **CIMA**.
- A ROUPA DAS CRIANÇAS QUE ESTÃO NA PARTE DE **BAIXO**.

Ilustra Cartoon/Arquivo da editora

AS CRIANÇAS FIZERAM UMA FILA PARA USAR O ESCORREGADOR.
FAÇA UM **X** NA **PRIMEIRA** CRIANÇA DA FILA E CIRCULE A **ÚLTIMA** CRIANÇA DA FILA.

Ilustra Cartoon/Arquivo da editora

DATA: ____ /____ /____

DEPOIS DE BRINCAR NO ESCORREGADOR, ALGUMAS CRIANÇAS FORAM BEBER ÁGUA. CIRCULE A CRIANÇA QUE ESTÁ **ANTES** DE DAVI E FAÇA UM **X** NA CRIANÇA QUE ESTÁ **DEPOIS** DE DAVI.

Ilustra Cartoon/Arquivo da editora

AS CRIANÇAS ADORAM BRINCAR! VEJA A TORRE QUE ELAS CONSTRUÍRAM.
CIRCULE A PEÇA QUE ESTÁ **EM CIMA** DE TODAS AS OUTRAS.
PINTE AS PEÇAS QUE ESTÃO **EMBAIXO** DE TODAS AS OUTRAS.

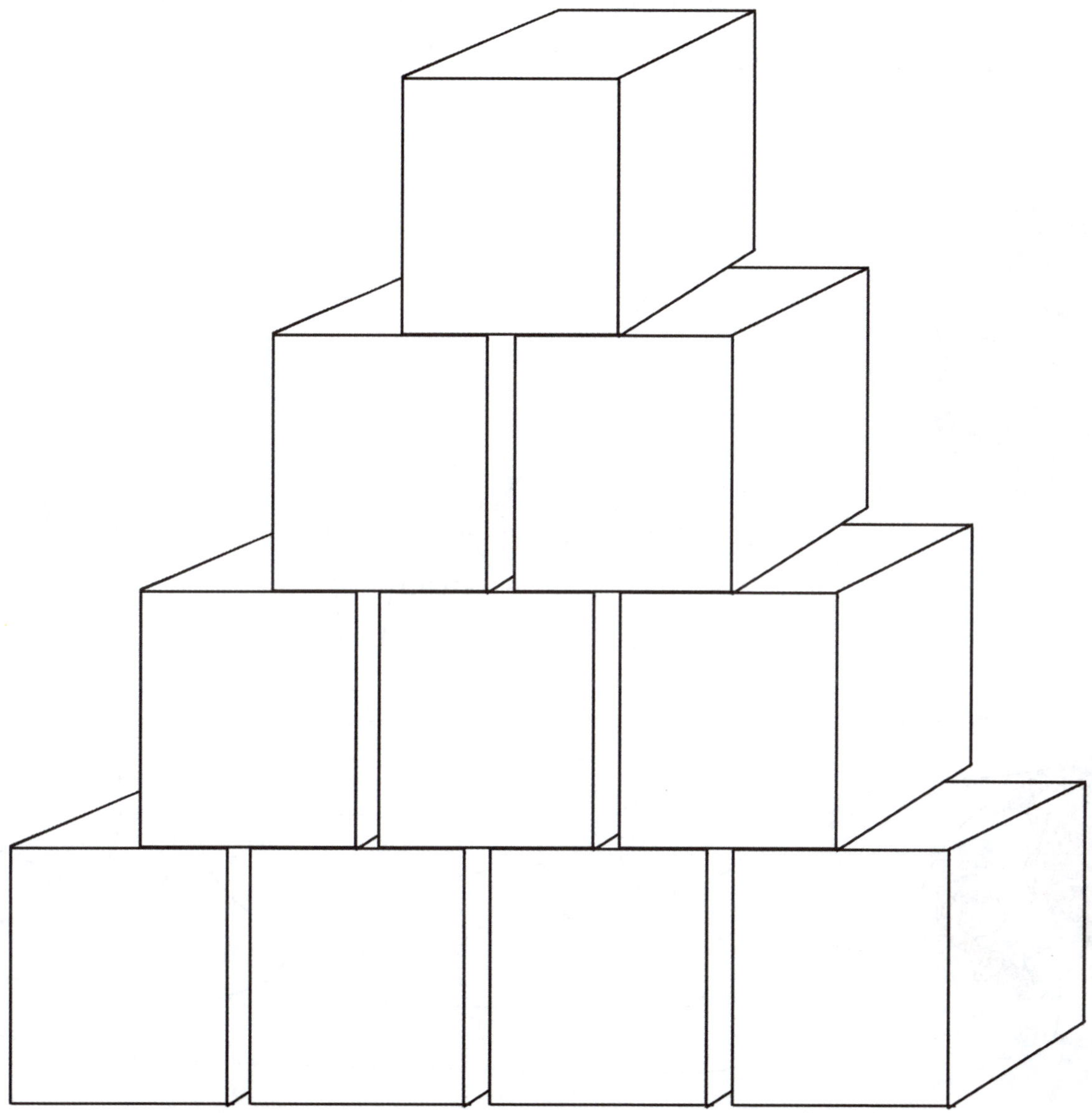

Kanton/Arquivo da editora

DATA: ____ /____ /____

HORA DE BRINCAR

LABIRINTO

CECÍLIA, RAFAEL, DANIEL E MARINA TÊM MATERIAL PARA SER RECICLADO. DESCUBRA QUAL DELES CONSEGUIRÁ CHEGAR ATÉ O LIXO. DEPOIS, PINTE A LATA DE LIXO NA COR ADEQUADA.

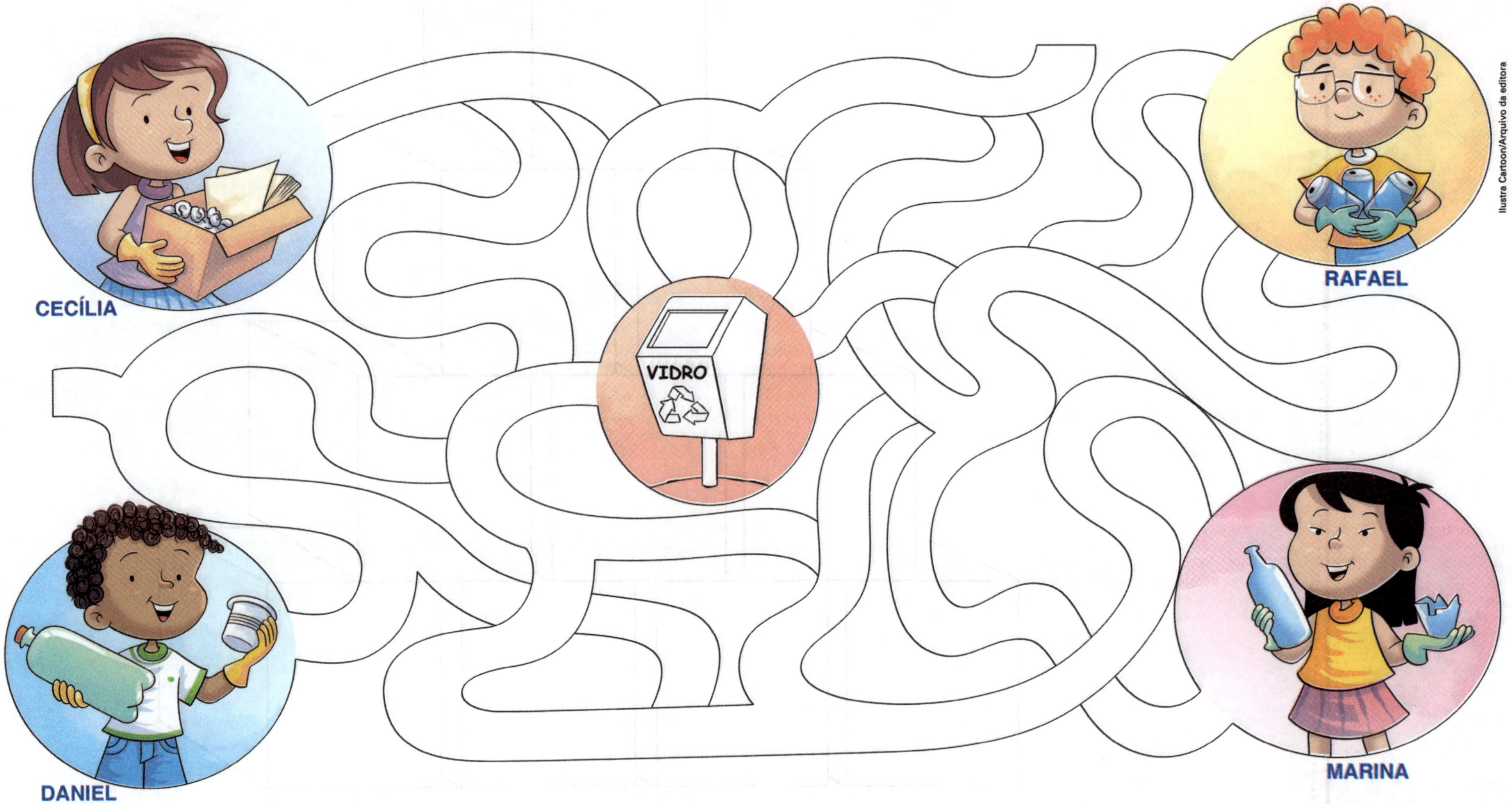

DATA: _____ /_____ /_____

UNIDADE 2

UM MUNDO DE MEDIDAS E FORMAS

Juan Carlos Federico/Arquivo da editora

RODA DE CONVERSA

BIANCA ESTÁ BRINCANDO COM SEU IRMÃO ANTES DE IR PARA A ESCOLA.
VOCÊ REPAROU NOS BRINQUEDOS DELES?

Ilustra Cartoon/Arquivo da editora

QUAL É O SEU BRINQUEDO PREFERIDO?

DATA: _____ /_____ /_____

VEJA SÓ A CAPA DESTE GIBI. O QUE ESTÁ ACONTECENDO NA CENA?

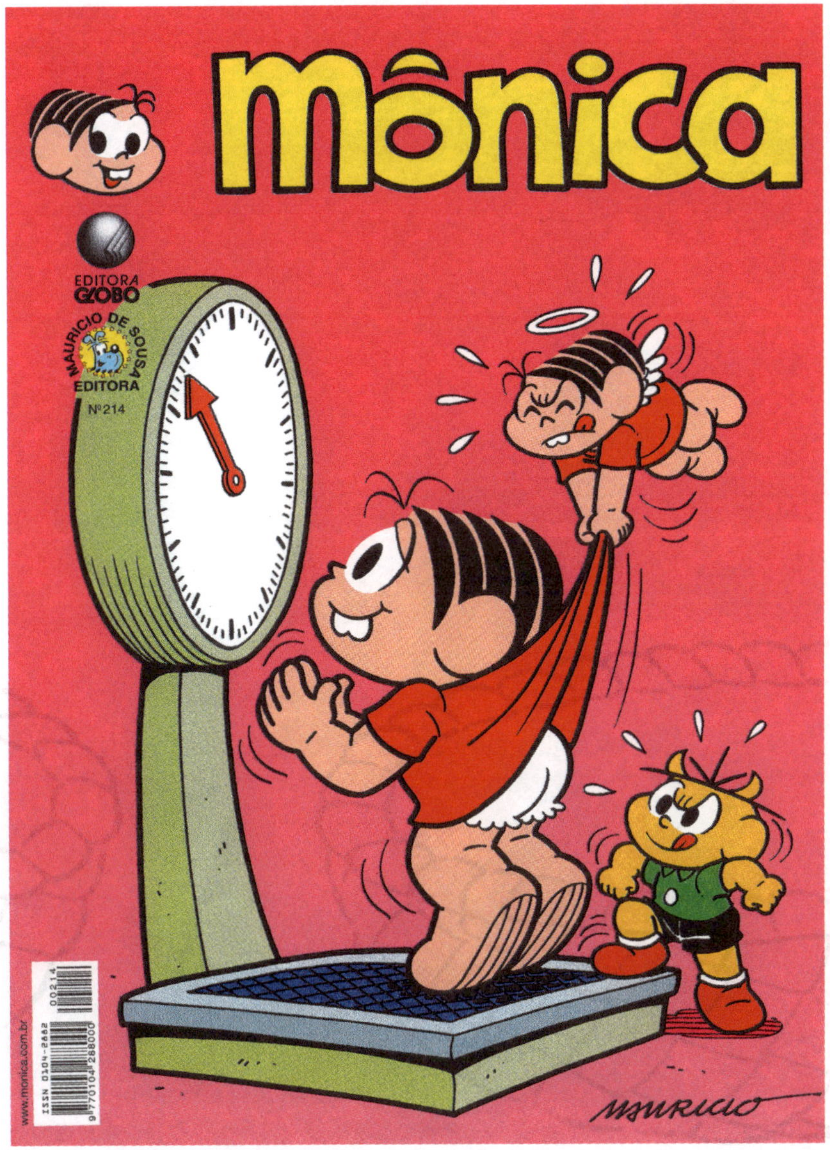

MÔNICA, DE MAURICIO DE SOUSA. N. 214. SÃO PAULO: GLOBO, 2004.

DATA: _____ /_____ /_____

RECORTE FIGURAS DE ALIMENTOS E COLE-AS NAS CESTAS. DEPOIS DIGA AOS COLEGAS QUAL DELAS ESTARIA MAIS PESADA E QUAL ESTARIA MAIS LEVE SE OS ALIMENTOS FOSSEM DE VERDADE.

PINTE DE [vermelho] A CESTA **MAIS LEVE**.

PINTE DE [azul] A CESTA **MAIS PESADA**.

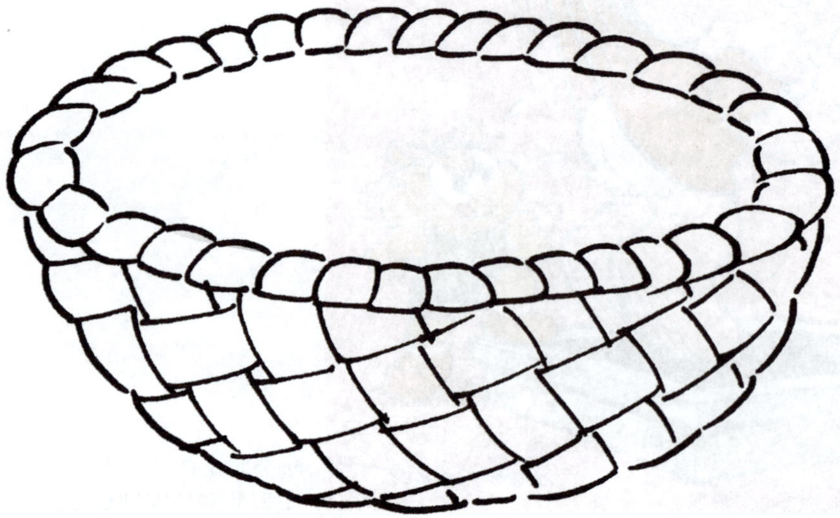

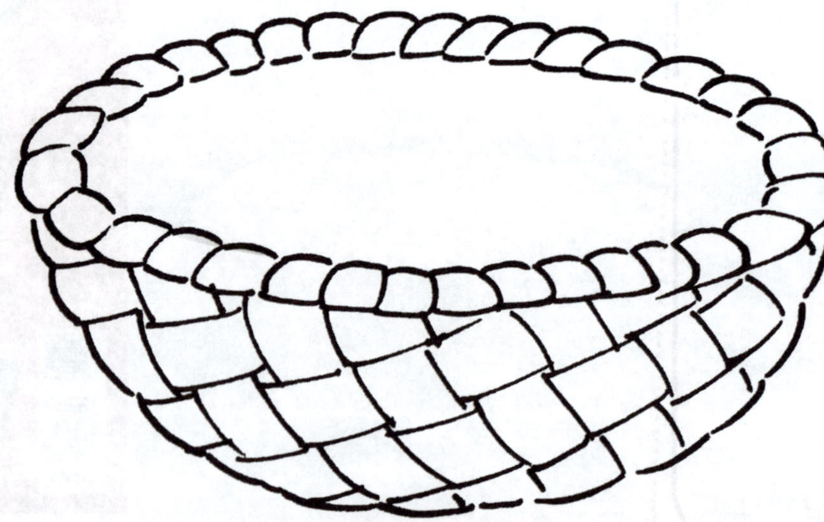

Kanton e Silvana/Arquivo da editora

AS CRIANÇAS VÃO AO PIQUENIQUE E LEVARÃO SUCO DE UVA.
COM GIZ DE CERA COLORIDO, CIRCULE A GARRAFA **CHEIA**.
MARQUE COM UM **X** A GARRAFA **VAZIA**.
COMO ESTÁ A GARRAFA QUE SOBROU? CONTE AOS COLEGAS.

Ilustrações: Ilustra Cartoon/Arquivo da editora

DATA: _____ /_____ /_____

NOÇÕES DE GEOMETRIA

VEJA QUE INTERESSANTE! UMA BORBOLETA DESENHADA SÓ COM **LINHAS RETAS**.
PINTE A FIGURA COMO VOCÊ QUISER.

Kanton e Silvana/Arquivo da editora

FAÇA **LINHAS CURVAS** PARA COMPLETAR AS FIGURAS. DEPOIS, PINTE O DESENHO COMO PREFERIR.

Ilustra Cartoon/Arquivo da editora

DATA: _____ /_____ /_____

LEIA COM O PROFESSOR E OS COLEGAS.

PEGO LÁPIS E PAPEL,
FAÇO PONTOS, SUBO E DESÇO.
DOU MIL VOLTAS, PIRUETAS
E ENTÃO SURGEM MUITAS LETRAS.

CONTORNE DE (azul) AS LETRAS DE **LINHAS ABERTAS**.
CONTORNE DE (vermelho) AS LETRAS DE **LINHAS FECHADAS**.

D M E

O C B

DATA: _____ /_____ /_____

PINTE A REGIÃO INTERNA DO **CÍRCULO**.

DATA: _____ /_____ /_____

VOCÊ CONHECE MUITOS OBJETOS COM FORMA DE **CÍRCULO**?
PROCURE, EM JORNAIS E REVISTAS, FIGURAS EM FORMATO DE CÍRCULO E COLE-AS ABAIXO.

DATA: _____ /_____ /_____

USE LÁPIS PARA CONTORNAR A FIGURA.

ESTA FIGURA CHAMA-SE **QUADRADO**.

DATA: _____ /_____ /_____

A PAREDE DO BANHEIRO DA CASA DE LUÍS FOI REVESTIDA COM AZULEJOS **QUADRADOS**. TERMINE DE PINTÁ-LOS COM A COR  .

Kanton/Arquivo da editora

DATA: ____ /____ /____

VEJA ESTE BARQUINHO. ELE FOI TODO FEITO COM **TRIÂNGULOS**!
PINTE CADA TRIÂNGULO DE UMA COR.

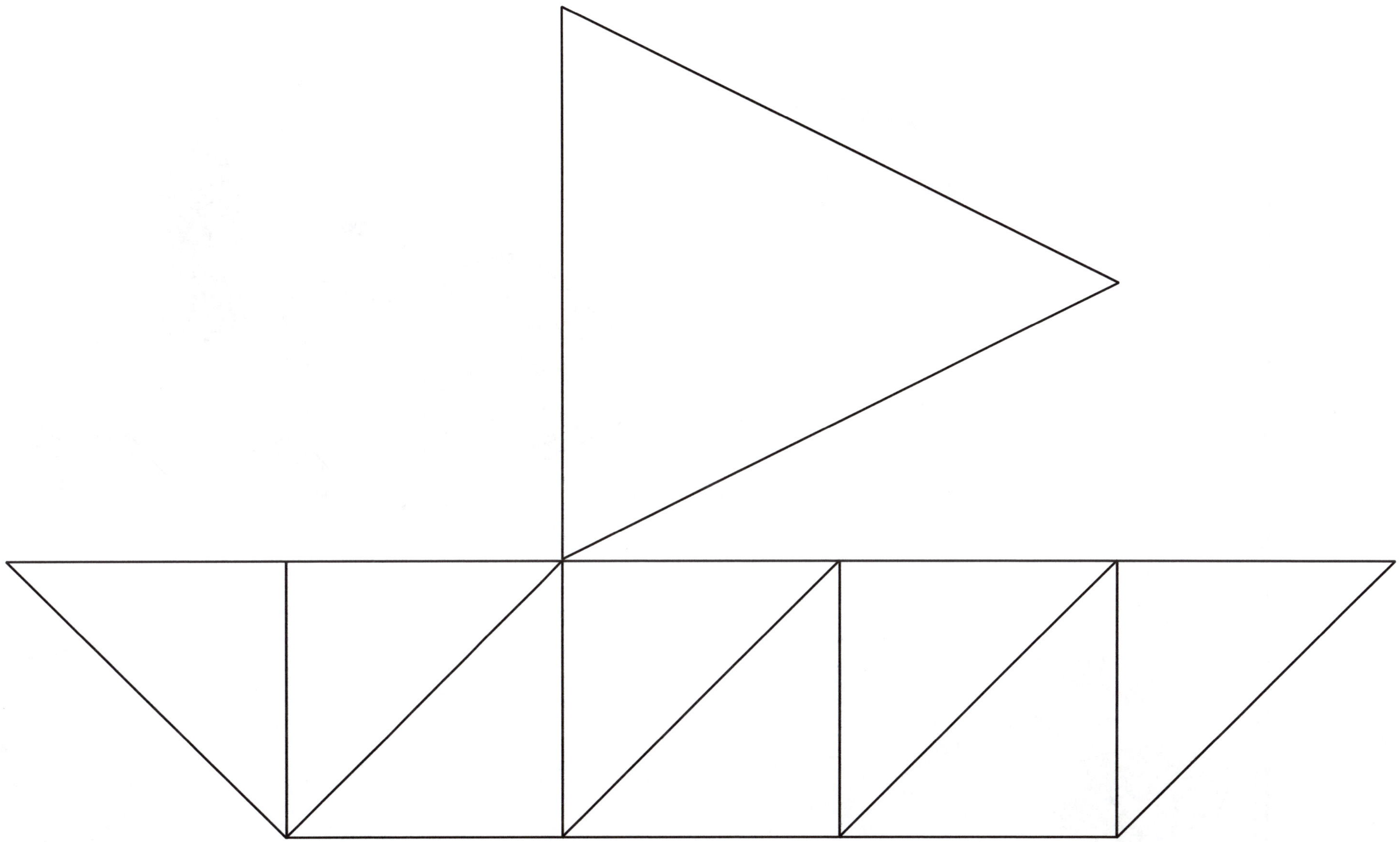

DATA: _____ /_____ /_____

É GOSTOSO BRINCAR NA AREIA DA PRAIA, NÃO É?
LIGUE CADA OBJETO À MARCA QUE A MENINA DEIXOU NA AREIA.

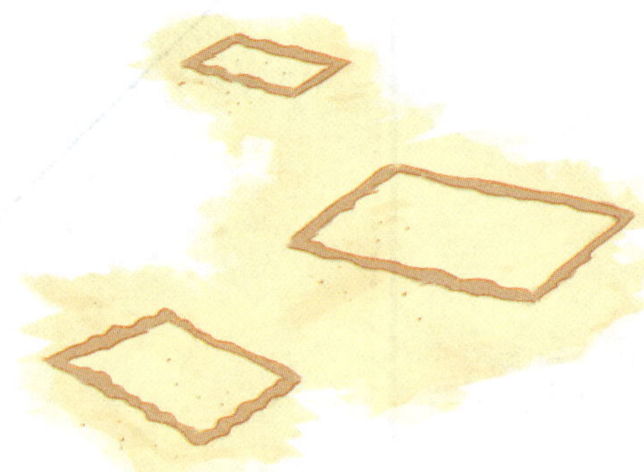

AS MARCAS NA AREIA SÃO **RETÂNGULOS**.

FAZENDO ARTE

OBSERVE ESTA OBRA DE ARTE DA PINTORA TARSILA DO AMARAL.
FALE SOBRE AS FORMAS QUE VOCÊ JÁ CONHECE. REPARE QUE A TELA TEM A FORMA DE UM **RETÂNGULO**.

Óleo sobre tela, 142 cm × 127 cm. Col. MAC – SP.

ESTRADA DE FERRO CENTRAL DO BRASIL, DE TARSILA DO AMARAL, 1924.

DATA: _____ /_____ /_____

NO INTERIOR DO RETÂNGULO FAÇA UM DESENHO PARECIDO COM A PINTURA DE TARSILA DO AMARAL.

USE AS FORMAS E CORES QUE DESEJAR.

VEJA O BONECO QUE OS ALUNOS CONSTRUÍRAM COM AS FIGURAS QUE CONHECEM. PINTE-O DE ACORDO COM AS LEGENDAS.

AZUL

VERDE

LARANJA

AMARELO

DATA: ____ /____ /____

DESTAQUE AS FIGURAS DA PÁGINA 5 DO **MATERIAL DE APOIO**.
DEPOIS COLE AS PEÇAS PARA CONSTRUIR SEU BONECO.

ESCOLHA E ESCREVA, COM A AJUDA DO PROFESSOR, UM NOME PARA SEU BONECO.

DATA: _____ /_____ /_____

ESTE CASTELO FOI CONSTRUÍDO COM VÁRIAS FIGURAS GEOMÉTRICAS.
PINTE DE [verde] OS TRIÂNGULOS.
PINTE DE [roxo] OS CÍRCULOS.
PINTE DE [azul] OS QUADRADOS.
PINTE DE [vermelho] OS RETÂNGULOS.

Ilustra Cartoon/Arquivo da editora

LIGUE CADA OBJETO À FORMA QUE SE PARECE COM ELE.
DEPOIS PINTE-OS DA MESMA COR.

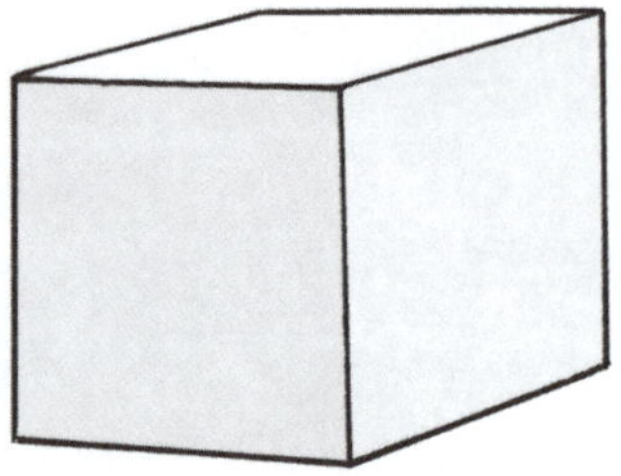

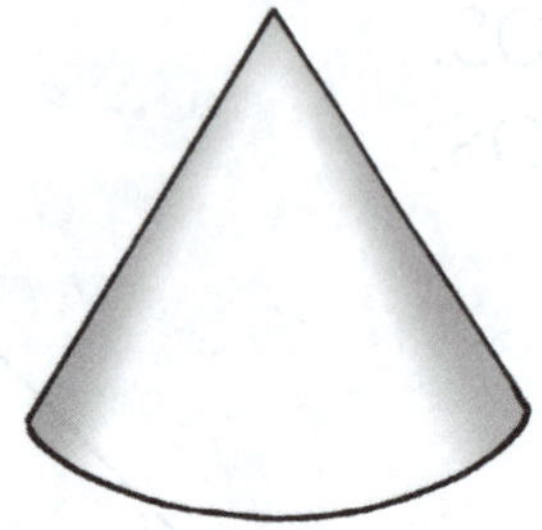

Ilustrações: Ilustra Cartoon/Arquivo da editora

DATA: _____ /_____ /_____

OBSERVE O FORMATO DO BRINQUEDO QUE PEDRO GANHOU.
DEPOIS LIGUE O BRINQUEDO À CAIXA CORRESPONDENTE.

DATA: _____ /_____ /_____

ESTE TREM FOI CONSTRUÍDO DE UM JEITO BEM DIVERTIDO!

PINTE DE AS FIGURAS QUE TÊM FORMA DE .

PINTE DE AS FIGURAS QUE TÊM FORMA DE .

PINTE DE AS FIGURAS QUE TÊM FORMA DE .

PINTE DE AS FIGURAS QUE TÊM FORMA DE 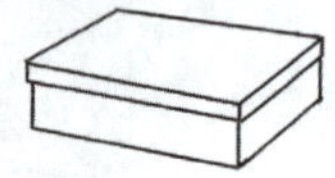.

PINTE DE AS FIGURAS QUE TÊM FORMA DE 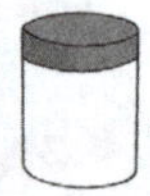.

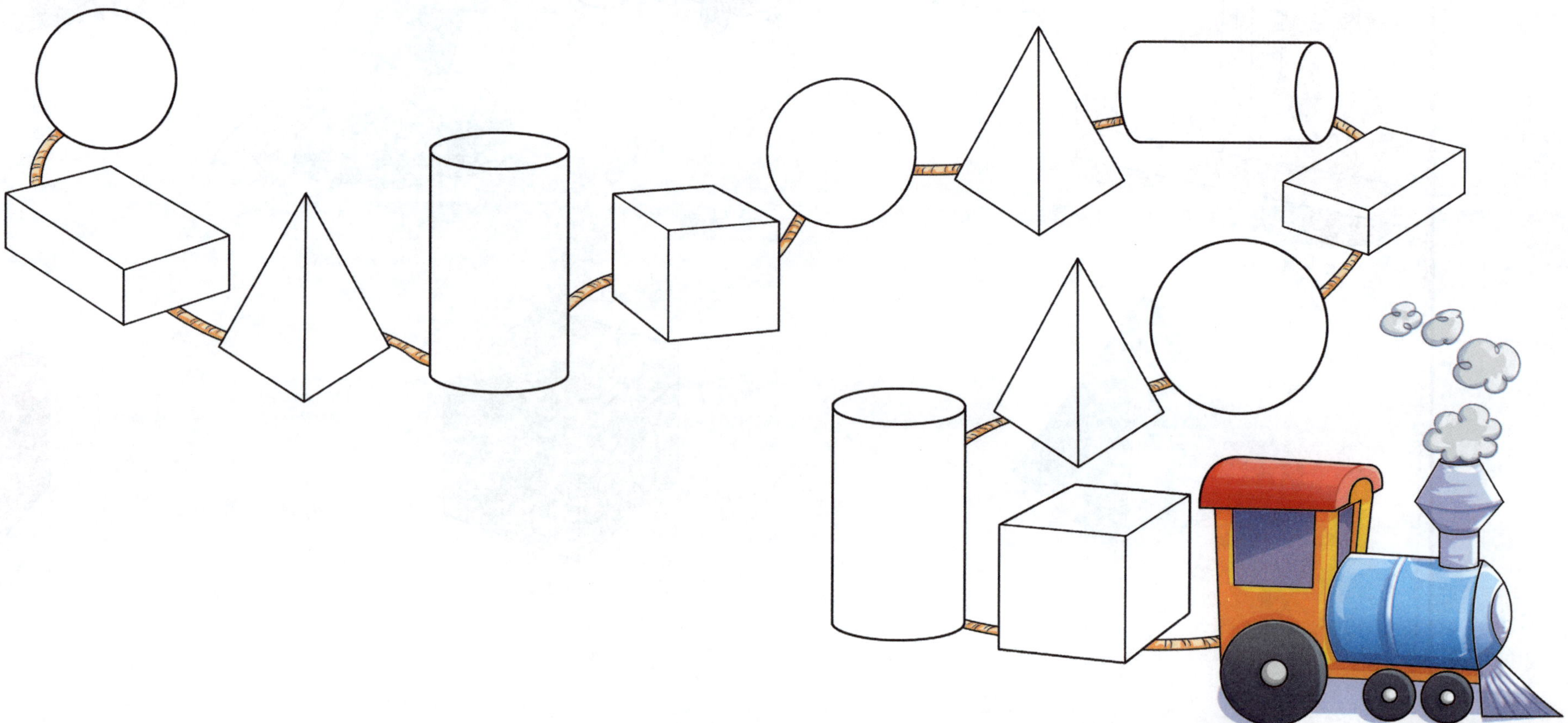

Ilustra Cartoon/Arquivo da editora

ESTÁ NA HORA DE BRINCAR. VAMOS FAZER OS OBJETOS ROLAREM?
CIRCULE OS OBJETOS QUE **PODEM ROLAR**.
PINTE OS OBJETOS QUE **NÃO PODEM ROLAR**.

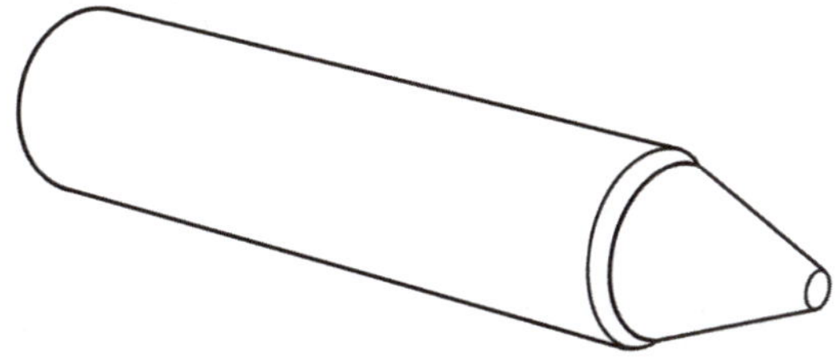

Ilustra Cartoon/Arquivo da editora

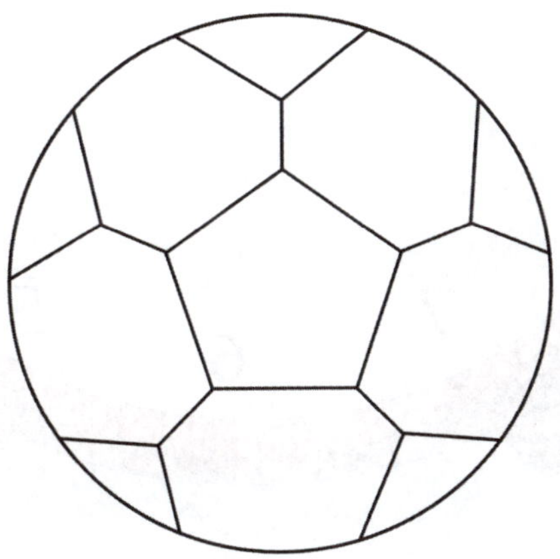

NOÇÕES DE TEMPO

LEIA COM O PROFESSOR E OS COLEGAS. DEPOIS DESENHE OS PONTEIROS DO RELÓGIO.

O RELÓGIO

PASSA, TEMPO, TIC-TAC
TIC-TAC, PASSA, HORA
CHEGA LOGO, TIC-TAC
TIC-TAC, E VAI-TE EMBORA
PASSA, TEMPO
BEM DEPRESSA
NÃO ATRASA
NÃO DEMORA
QUE JÁ ESTOU
MUITO CANSADO
JÁ PERDI
TODA A ALEGRIA
DE FAZER
MEU TIC-TAC
DIA E NOITE
NOITE E DIA
TIC-TAC
TIC-TAC
TIC-TAC...

ARCA DE NOÉ, DE VINICIUS DE MORAES.
SÃO PAULO: CIA. DAS LETRAS, 2004.

Ilustra Cartoon/Arquivo da editora

DATA: _____ /_____ /_____

VEJA! A CASA FINALMENTE FICOU PRONTA!
CIRCULE COM LÁPIS COLORIDO A CENA QUE ACONTECEU **ANTES**.
PINTE A CENA QUE ACONTECEU **DEPOIS**.

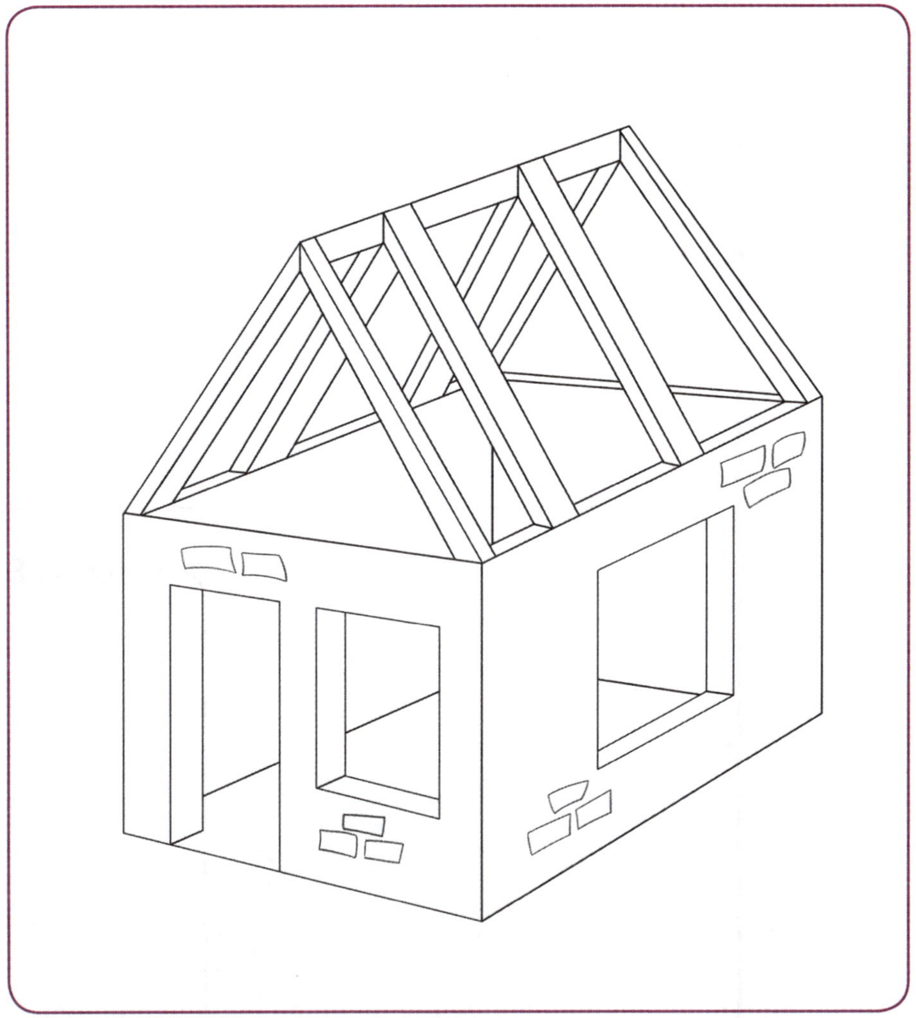

Ilustrações: Ilustra Cartoon/Arquivo da editora

DATA: _____ /_____ /_____

RECORTE AS CENAS DA PÁGINA 7 DO **MATERIAL DE APOIO**.
DEPOIS COLE CADA CENA NO QUADRO INDICADO.

MANHÃ

TARDE

NOITE

DATA: _____ /_____ /_____

O TEMA É...

ECONOMIZAR ÁGUA!

EXISTEM VÁRIAS MANEIRAS DE NÃO DESPERDIÇAR ÁGUA:

TOMAR BANHOS RÁPIDOS.

VARRER AS CALÇADAS, EM VEZ DE LAVÁ-LAS.

DEIXAR A TORNEIRA FECHADA ENQUANTO ESCOVA OS DENTES.

Ilustrações: Ilustra Cartoon/Arquivo da editora

HORA DE BRINCAR

JOGO DOS 5 ERROS

JOÃO MOSTRA A MANEIRA CORRETA PARA LAVAR O TRICICLO: USANDO BALDE E ESPONJA NO LUGAR DA MANGUEIRA. VOCÊ CONSEGUE DESCOBRIR 5 ERROS NA SEGUNDA FIGURA?

Ilustrações: Ilustra Cartoon/Arquivo da editora

DATA: _____ /_____ /_____

UNIDADE 3

BRINCANDO COM A MATEMÁTICA

Juan Carlos Federico/Arquivo da editora

RODA DE CONVERSA

VOCÊ CONHECE ESTA BRINCADEIRA?

Ilustra Cartoon/Arquivo da editora

QUAL É A SUA BRINCADEIRA PREFERIDA?

DATA: _____ /_____ /_____

SEQUÊNCIA E SERIAÇÃO

OBSERVE A SEQUÊNCIA DE CORES DA TOALHA E CONTINUE A PINTAR.

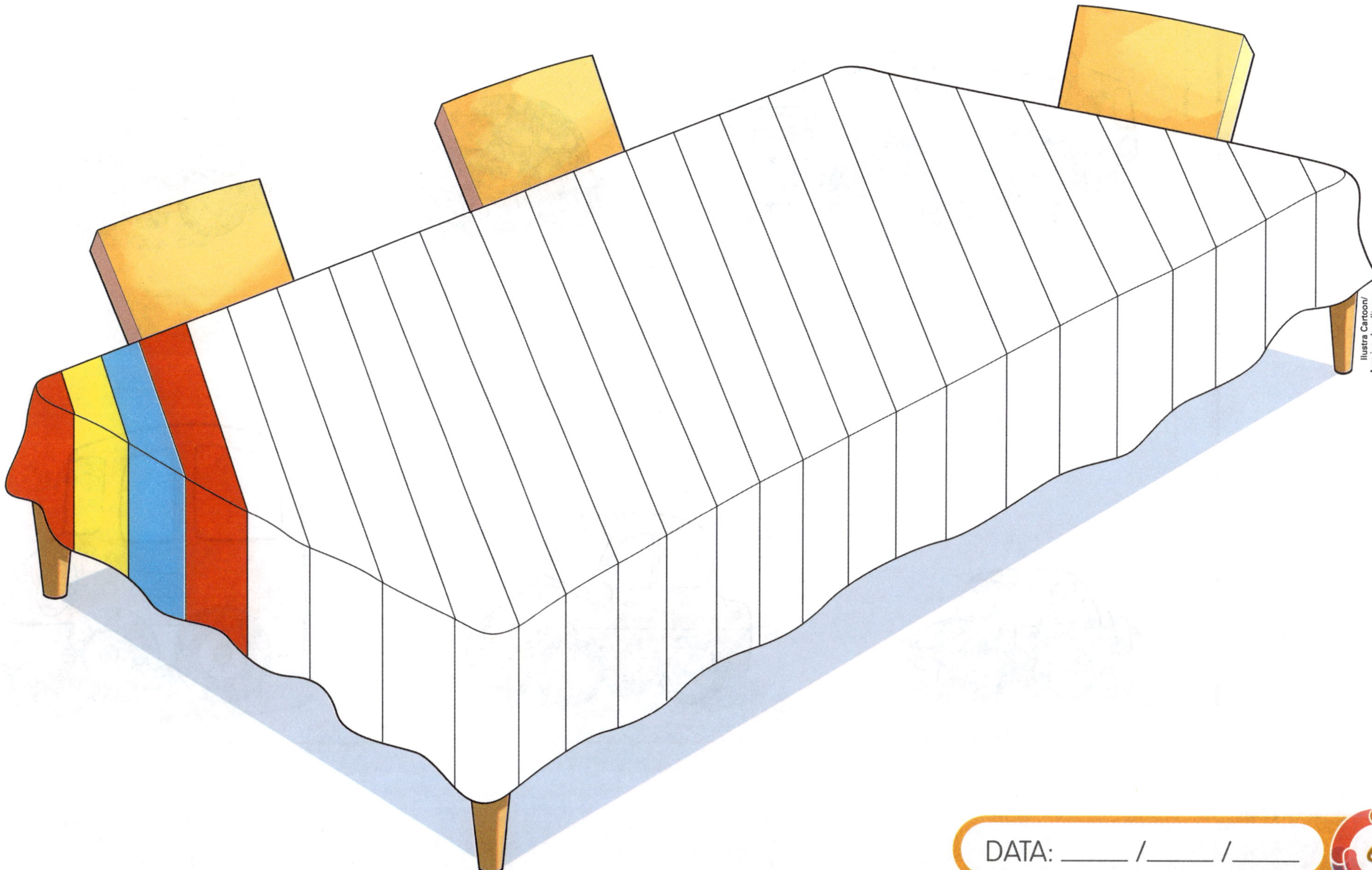

Ilustra Cartoon/ Arquivo da editora

DATA: _____ /_____ /_____

FÁBIO BRINCA COM SUA COLEÇÃO DE CARROS.
ASSINALE COM UM **X** A FILA DE CARROS ORGANIZADA POR TAMANHO, DO **MENOR** PARA O **MAIOR**.

DÉBORA QUER ORGANIZAR A COLEÇÃO DELA.
UTILIZE OS ADESIVOS DO FINAL DO LIVRO PARA ARRUMAR AS BONECAS NA PRATELEIRA, DA **MAIOR** PARA A **MENOR**.

Ilustra Cartoon/Arquivo da editora

DATA: _____ /_____ /_____

CONHEÇA UMA HISTÓRIA BEM INTERESSANTE!
DESTAQUE AS CENAS DA PÁGINA 9 DO **MATERIAL DE APOIO** E COLE-AS AQUI, SEGUINDO A ORDEM DOS ACONTECIMENTOS.

CENA 1

CENA 2

CENA 3

DATA: ____ /____ /____

O TEMA É...

CUIDAR DA NATUREZA!

VEJA ALGUMAS DICAS SIMPLES PARA CUIDARMOS BEM DA NATUREZA.

PRESERVAR O MEIO AMBIENTE.

NÃO ARRANCAR NEM DANIFICAR NENHUMA PLANTA.

Ilustrações: Ilustra Cartoon/Arquivo da editora

DATA: _____ /_____ /_____

MARQUE COM UM **X** AS ATITUDES CORRETAS PARA CUIDAR DA NATUREZA.

Ilustrações: Ilustra Cartoon/Arquivo da editora

DATA: _____ /_____ /_____

NOÇÕES DE QUANTIDADE

ANA FEZ ANIVERSÁRIO E GANHOU DOIS BRINQUEDOS MUITO PARECIDOS.

Ilustrações: Ilustra Cartoon/Arquivo da editora

CIRCULE O TRENZINHO QUE TEM **MAIS** VAGÕES.
FAÇA UM **X** NO TRENZINHO QUE TEM **MENOS** VAGÕES.

DATA: ____ /____ /____

VEJA QUANTOS BRINQUEDOS FERNANDO TEM!

Ilustra Cartoon/Arquivo da editora

QUAL BRINQUEDO ELE TEM **MENOS**? MARQUE COM UM **X**.

☐ BICHINHOS DE PELÚCIA

☐ CARRINHOS

OBA! VEJA SÓ QUANTOS LIVROS!

Ilustrações: Ilustra Cartoon/Arquivo da editora

O QUE HÁ MAIS NA CENA: LIVROS OU CRIANÇAS?

☐ 

☐ 

CORRESPONDÊNCIA

LIGUE CADA CACHORRO A UM OSSO.

Ilustrações: Kanton/Arquivo da editora

HÁ MAIS CACHORROS OU MAIS OSSOS? MARQUE COM UM **X**.

CADA ANIMAL TEM A SUA MORADIA.
LIGUE OS ANIMAIS AO LOCAL MAIS ADEQUADO PARA ELES MORAREM.

Ilustrações: Ilustra Cartoon/Arquivo da editora

HOJE O DIA ESTÁ PERFEITO PARA BRINCAR! LIGUE CADA CRIANÇA A UM BRINQUEDO.

Ilustrações: Ilustra Cartoon/Arquivo da editora

UMA CRIANÇA FICOU TRISTE... DESENHE NO QUADRO UM BRINQUEDO PARA ELA.

DATA: _____ /_____ /_____

AGORA, VEJA QUANTOS BRINQUEDOS!
LIGUE AQUELES QUE TÊM A MESMA COR.

Ilustrações: Ilustra Cartoon/Arquivo da editora

OS BRINQUEDOS PODEM TER VÁRIOS TAMANHOS.

PINTE DE OS BRINQUEDOS PEQUENOS.

PINTE DE OS BRINQUEDOS MÉDIOS.

PINTE DE OS BRINQUEDOS GRANDES.

Ilustrações: Ilustra Cartoon/Arquivo da editora

FAZENDO ARTE

NO JARDIM, HÁ TUDO DE QUE AS BORBOLETAS PRECISAM: ÁGUA, SOL E... FLORES! DESENHE FLORES NA MESMA QUANTIDADE EM QUE HÁ BORBOLETAS. DEPOIS, LIGUE CADA BORBOLETA A UMA FLOR.

Ilustrações: Kanton e Silvana/Arquivo da editora

DATA: _____ /_____ /_____

SÍMBOLOS

MARQUE UM **X** NAS PLACAS DE TRÂNSITO QUE VOCÊ CONHECE.

Ilustrações: Kanton/Arquivo da editora

PINTE A PORTA PELA QUAL VOCÊ ENTRARIA SE QUISESSE IR AO BANHEIRO.

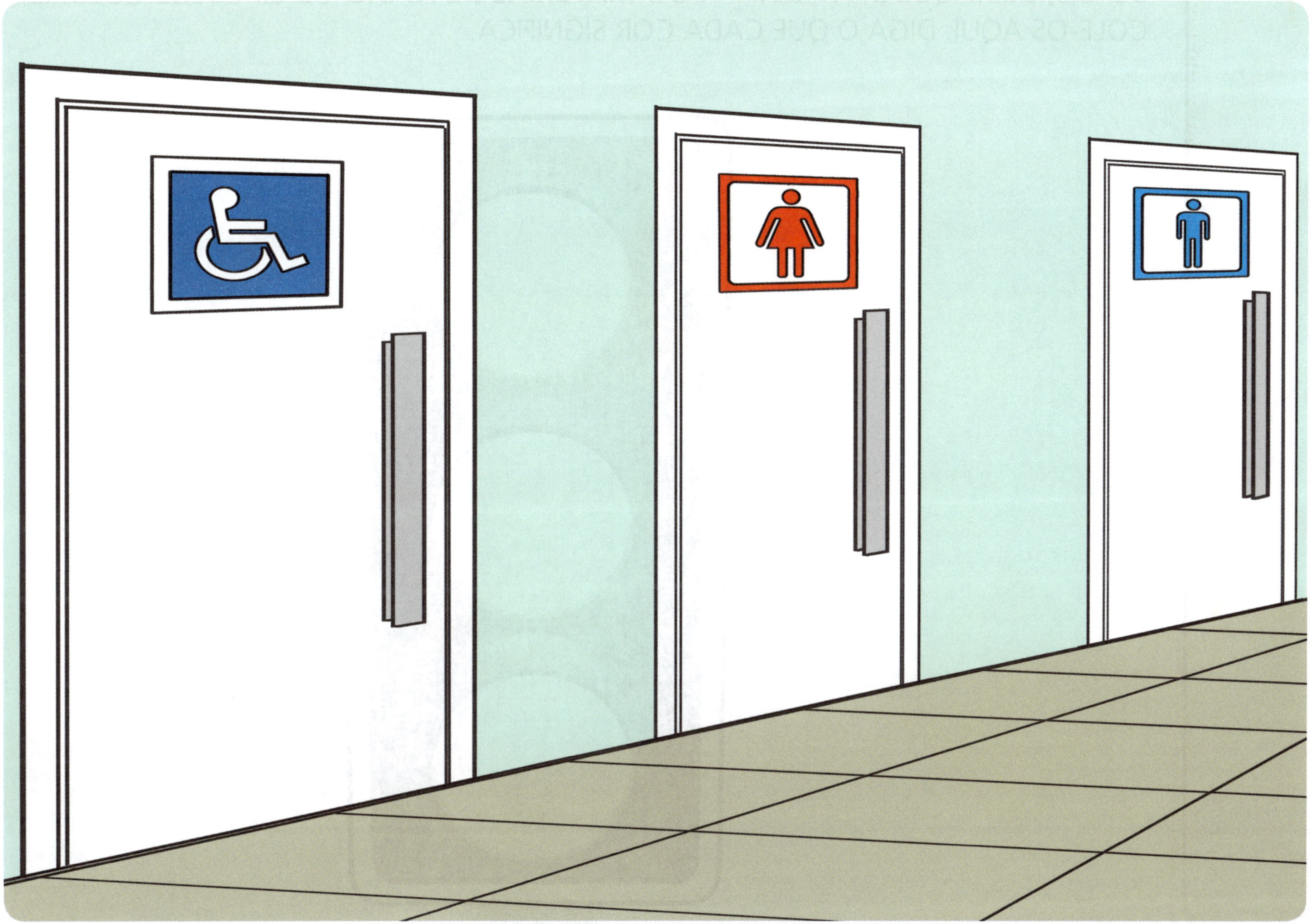

Kanton/Arquivo da editora

DATA: _____ /_____ /_____

VOCÊ JÁ VIU ESTE APARELHO? ONDE? QUAL É O NOME DELE? CONVERSE COM SEUS COLEGAS. DEPOIS, DESTAQUE DA PÁGINA 11 DO **MATERIAL DE APOIO** OS CÍRCULOS COLORIDOS E COLE-OS AQUI. DIGA O QUE CADA COR SIGNIFICA.

Banco de imagens/Arquivo da editora

DATA: _____ /_____ /_____

NÚMEROS NO DIA A DIA

VOCÊ SABE O VALOR DESTAS CÉDULAS? QUAIS VALEM MAIS E QUAIS VALEM MENOS?

Casa da Moeda do Brasil/Ministério da Fazenda

DATA: _____ /_____ /_____

ALGO ESTRANHO ACONTECEU NA CIDADE. AS PLACAS COM A NUMERAÇÃO DAS CASAS FORAM APAGADAS!

INVENTE E DESENHE NOVAS PLACAS.

Ilustra Cartoon/Arquivo da editora

CIRCULE O NÚMERO QUE APARECE DUAS VEZES NA CENA.

Ilustra Cartoon/Arquivo da editora

DATA: _____ /_____ /_____

HORA DE BRINCAR

JOGO DA TRILHA

VAMOS TRILHAR O CAMINHO PARA UM MUNDO MELHOR?
DESTAQUE E MONTE AS PEÇAS DA PÁGINA 15 DO **MATERIAL DE APOIO**. JOGUE O DADO E ANDE A QUANTIDADE DE CASAS CORRESPONDENTE. QUEM CHEGAR PRIMEIRO AO FINAL DA TRILHA VENCE O JOGO.

Ilustra Cartoon/Arquivo da editora

UNIDADE 4
NÚMEROS POR TODO LADO

Juan Carlos Federico/ Arquivo da editora

RODA DE CONVERSA

OBSERVE ESTAS CRIANÇAS. VOCÊ SABE DO QUE ELAS ESTÃO BRINCANDO?

Ilustra Cartoon/Arquivo da editora

POR QUE A MENINA ESTÁ CONTANDO?

NÚMEROS DE 1 A 5

ESTE É O **UM**.

1

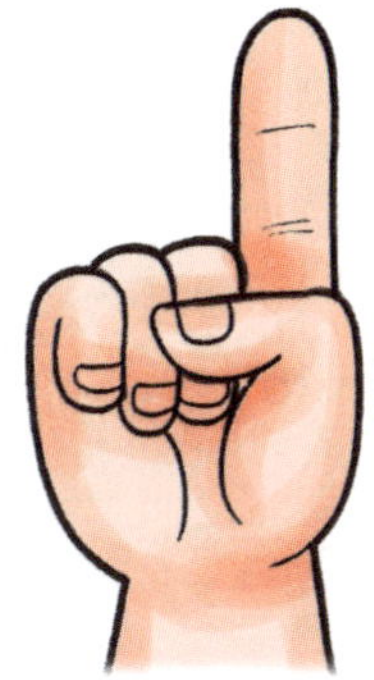

Ilustrações: Kanton/Arquivo da editora

QUANTOS ANOS O BEBÊ ESTÁ COMPLETANDO? ESCREVA.

Ilustra Cartoon/Arquivo da editora

ESTE É O **DOIS**.

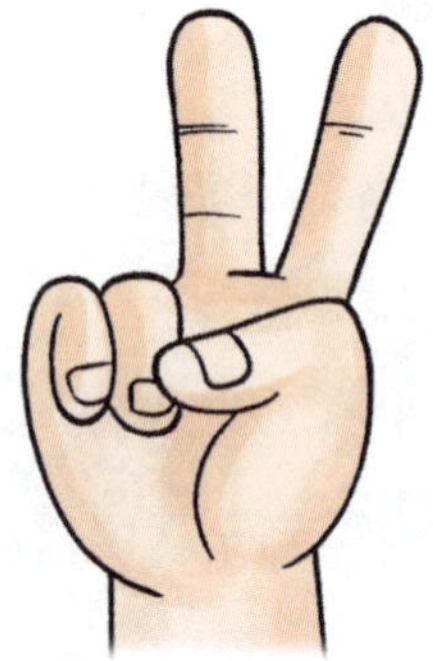

Ilustrações: Kanton/Arquivo da editora

QUANTAS RODAS TEM A BICICLETA?

Ilustra Cartoon/Arquivo da editora

DATA: ____ /____ /____

ESTE É O **TRÊS**.

3

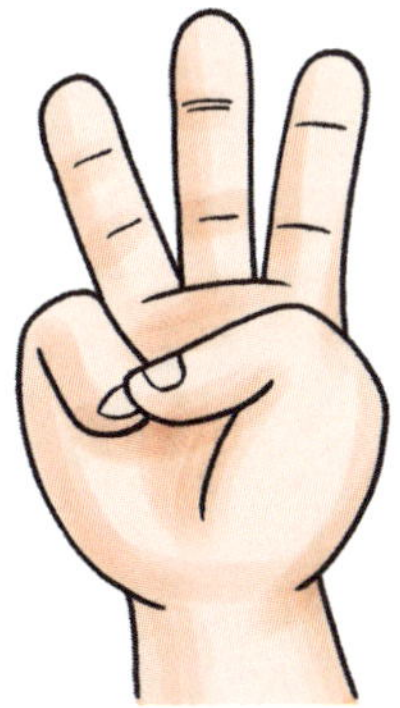

Ilustrações: Kanton/Arquivo da editora

HÁ QUANTOS PORQUINHOS NA CENA?

Ilustra Cartoon/Arquivo da editora

ESTE É O **QUATRO**.

4

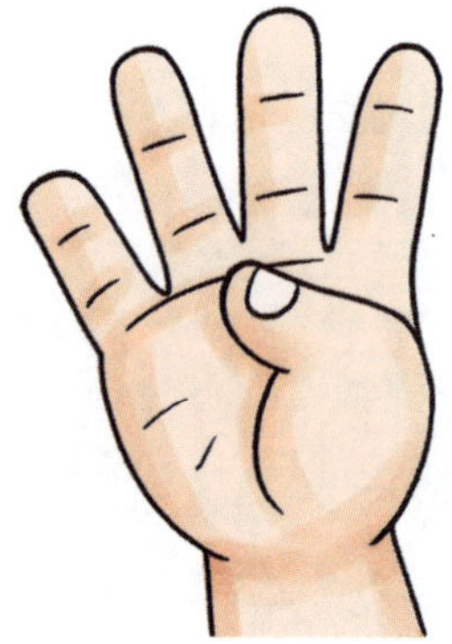

Ilustrações: Kanton/Arquivo da editora

QUANTAS PATAS TEM O GATO?

Ilustra Cartoon/Arquivo da editora

DATA: _____ /_____ /_____

ESTE É O **CINCO**.

5

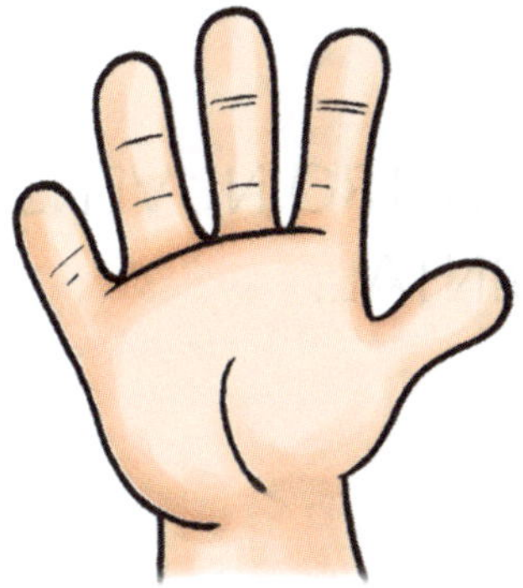

Ilustrações: Kanton/Arquivo da editora

QUANTOS FILHOTES A CACHORRINHA TEVE?

Ilustra Cartoon/Arquivo da editora

FAZENDO ARTE

COMPLETE A PAISAGEM DESENHANDO QUATRO NUVENS NO CÉU. DEPOIS DESENHE DUAS JANELAS NA CASA E TRÊS FLORES NO QUINTAL.

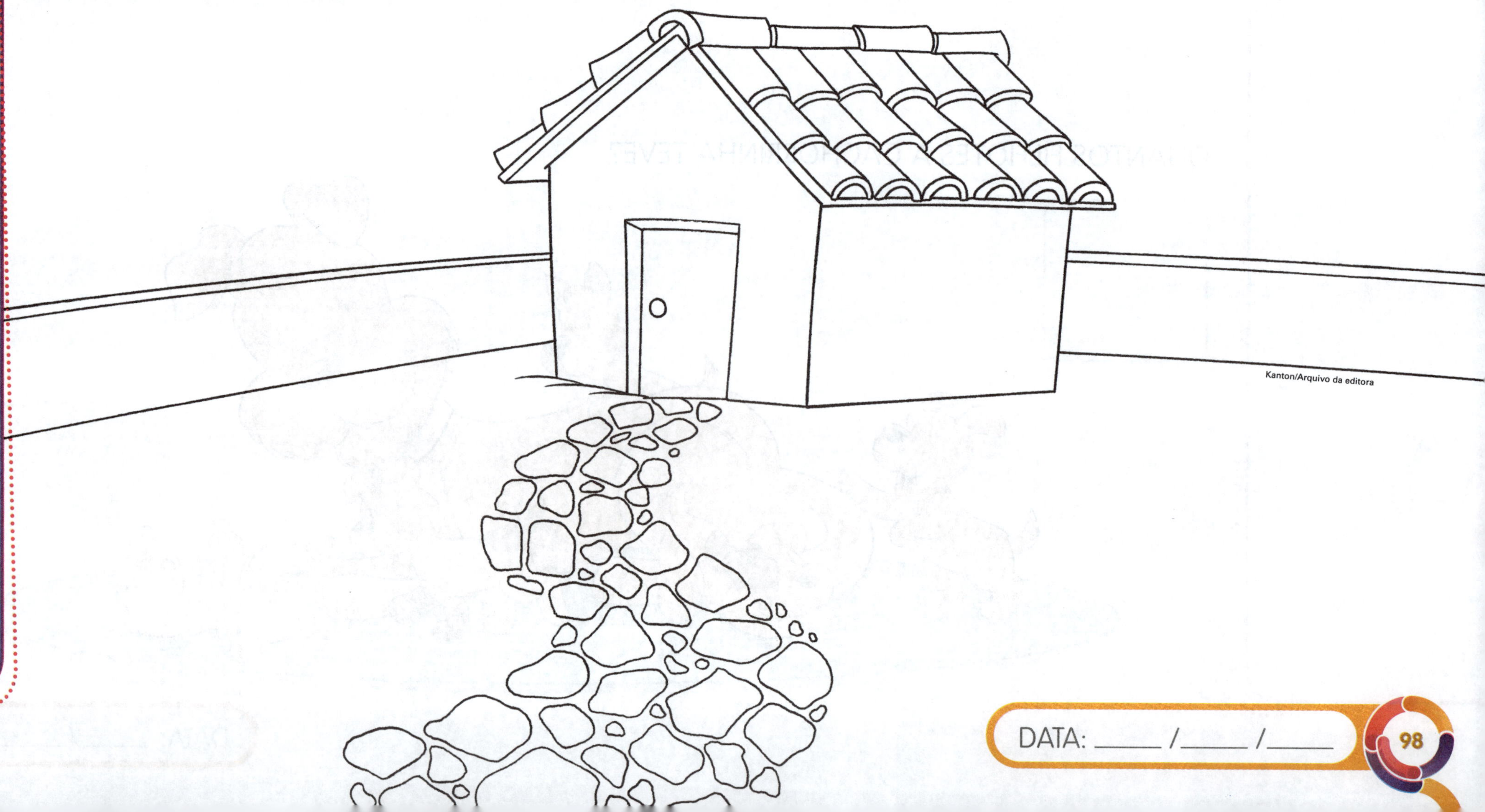

Kanton/Arquivo da editora

DATA: _____ /_____ /_____

PINTE A QUANTIDADE DE QUADRINHOS QUE O NÚMERO INDICA.

1					
2					
3					
4					
5					

DATA: _____ /_____ /_____

QUANTOS ELEMENTOS HÁ EM CADA GRUPO?
ESCREVA O NÚMERO NOS QUADRINHOS.

☐

☐

Ilustrações: Ilustra Cartoon/ Arquivo da editora

☐

☐

☐

☐

QUANTOS PINTINHOS NASCERAM?

ESCREVA O NÚMERO DE PINTINHOS QUE NASCERAM DE CADA GALINHA. DEPOIS PINTE A GALINHA QUE TEVE MAIS PINTINHOS.

Ilustrações: Ilustra Cartoon/Arquivo da editora

DATA: _____ /_____ /_____

DESTAQUE AS FIGURAS DA PÁGINA 11 DO **MATERIAL DE APOIO** E COLE CADA UMA DAS FACES DE UM DADO ACIMA DO NÚMERO QUE ELA REPRESENTA.

5

2

4

3

1

QUANTAS CRIANÇAS PARTICIPAM DE CADA BRINCADEIRA? ESCREVA NOS QUADRINHOS.

Ilustrações: Ilustra Cartoon/Arquivo da editora

IDEIA DE JUNTAR

AS CRIANÇAS BRINCAM COM PEÇAS DE MONTAR.
ESCREVA O NÚMERO DE PEÇAS DE CADA COR. DEPOIS ESCREVA NA ETIQUETA A QUANTIDADE TOTAL DE PEÇAS.

QUANTAS PEÇAS?

____

____

____

QUANTAS PEÇAS?

____

____

____

QUANTAS PEÇAS?

____

____

____

DATA: _____ /_____ /_____

VEJA SÓ QUANTAS FLORES HÁ NO JARDIM!

Ilustrações: Kanton/Arquivo da editora

QUANTAS  ? ☐

QUANTAS  ? ☐

QUANTAS  ? ☐

DATA: _____ /_____ /_____

VOANDO DE FLOR EM FLOR, AS ABELHAS SUGAM O NÉCTAR DAS FLORES.

Ilustrações: Kanton/Arquivo da editora

QUANTAS ABELHAS HÁ NA FLOR AMARELA? ☐ + QUANTAS ABELHAS HÁ NA FLOR VERMELHA? ☐ = QUANTAS ABELHAS HÁ AO TODO? DESENHE. ☐

QUANTAS ABELHAS HÁ NA FLOR AMARELA? ☐ + QUANTAS ABELHAS HÁ NA FLOR VERMELHA? ☐ = QUANTAS ABELHAS HÁ AO TODO? DESENHE. ☐

QUANTOS REAIS CADA CRIANÇA TEM?

Ilustrações: Ilustra Cartoon/Arquivo da editora

JANE

☐ REAIS.

LIA

☐ REAIS.

EDU

☐ REAIS.

Fotos: Reprodução/Casa da Moeda do Brasil/Ministério da Fazenda

DATA: _____ /_____ /_____

IDEIA DE TIRAR

OBSERVE AS CENAS.

Ilustrações: Ilustra Cartoon/Arquivo da editora

QUANTOS  VOCÊ ESTÁ VENDO AO TODO? ☐

QUANTOS  FICARAM NA PLANTAÇÃO? ☐

DATA: _____ /_____ /_____

VEJA AS CENAS.

Ilustrações: Ilustra Cartoon/Arquivo da editora

QUANTAS  HÁ SOBRE A MESA?

QUANTAS  FICARAM NA TRAVESSA?

OBSERVE A QUANTIDADE DE MOEDAS QUE RENATA TIROU DE CADA MESA. QUANTAS MOEDAS SOBRARAM?

SOBRARAM ☐ REAIS.

SOBRARAM ☐ REAIS.

SOBRARAM ☐ REAIS.

Ilustrações: Ilustra Cartoon/Arquivo da editora

NÚMEROS DE 6 A 9

ESTE É O **SEIS**.

6

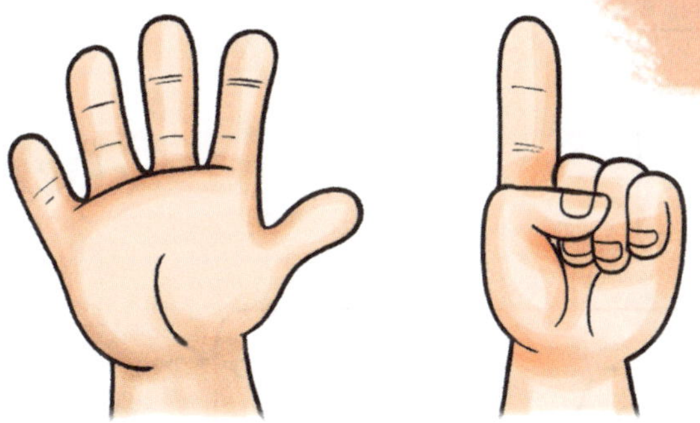

Ilustra Cartoon/Arquivo da editora

QUANTOS JOGADORES HÁ NO TIME?

CADA GRUPO DEVE FICAR COM SEIS ELEMENTOS.
COMPLETE OS DESENHOS E ESCREVA NA ETIQUETA O NÚMERO CORRESPONDENTE.

Ilustrações: Kanton/Arquivo da editora

ESTE É O **SETE**.

7

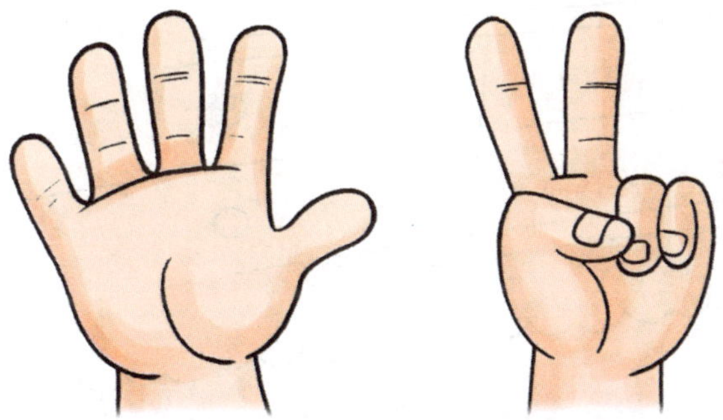

Ilustra Cartoon/Arquivo da editora

QUANTOS SÃO OS ANÕES DA HISTÓRIA DE BRANCA DE NEVE?

PINTE QUANTAS SAIAS A BARATA DIZ QUE TEM.

A BARATA DIZ QUE TEM
SETE SAIAS DE FILÓ
É MENTIRA DA BARATA
ELA TEM É UMA SÓ
[...]

CANTIGA POPULAR

Ilustra Cartoon/Arquivo da editora

QUANTAS SAIAS VOCÊ PINTOU?

ESTE É O **OITO**.

8

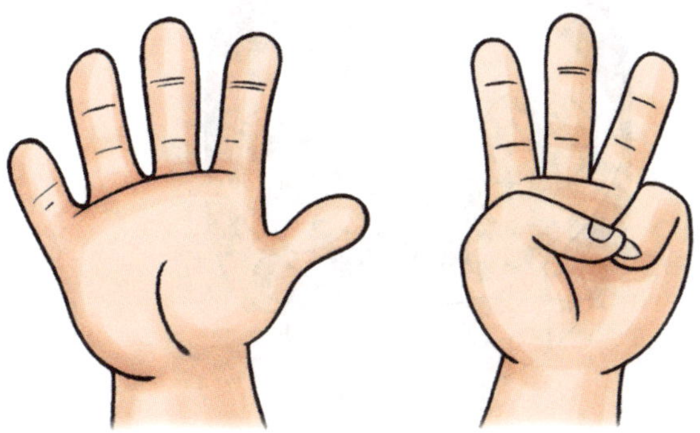

Ilustra Cartoon/Arquivo da editora

OITO RIMA COM BISCOITO.

QUANTOS BISCOITOS HÁ NO PRATO?

QUANTOS BISCOITOS HÁ EM CADA CAIXA?

Ilustrações: Ilustra Cartoon/Arquivo da editora

ESTE É O **NOVE**.

9

Ilustra Cartoon/Arquivo da editora

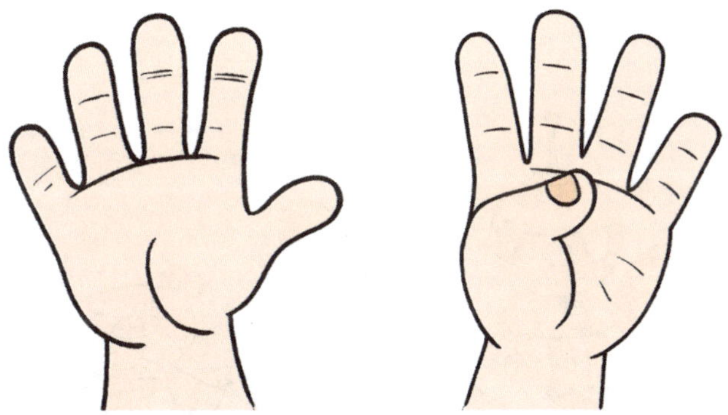

QUANTAS CRIANÇAS ESTÃO NA SALA?

QUANTOS BRINQUEDOS HÁ EM CADA PRATELEIRA?

Ilustrações: Ilustra Cartoon/Arquivo da editora

DATA: _____ /_____ /_____

O ZERO

ESTE É O **ZERO**.

0

Ilustra Cartoon/Arquivo da editora

MARIANA COMEU TODOS OS BOMBONS!
ESCREVA A QUANTIDADE DE BOMBONS QUE RESTOU NA CAIXA.

LIGUE CADA NÚMERO À QUANTIDADE DE BOMBONS CORRESPONDENTE.

0 1 2 3 4 5

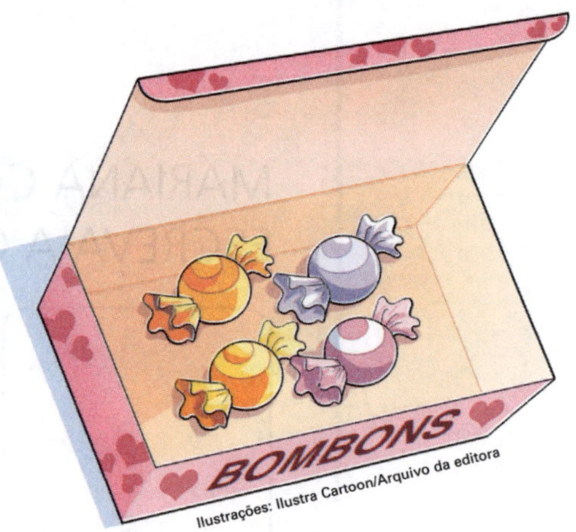

Ilustrações: Ilustra Cartoon/Arquivo da editora

DATA: ____ /____ /____

A DEZENA

ESTE É O **DEZ**.

10

QUANTOS PEIXINHOS HÁ NO AQUÁRIO?

Ilustra Cartoon/Arquivo da editora

DESENHE MAIS UMA BOLA EM CADA GRUPO. DEPOIS CONTE E ESCREVA O NÚMERO.

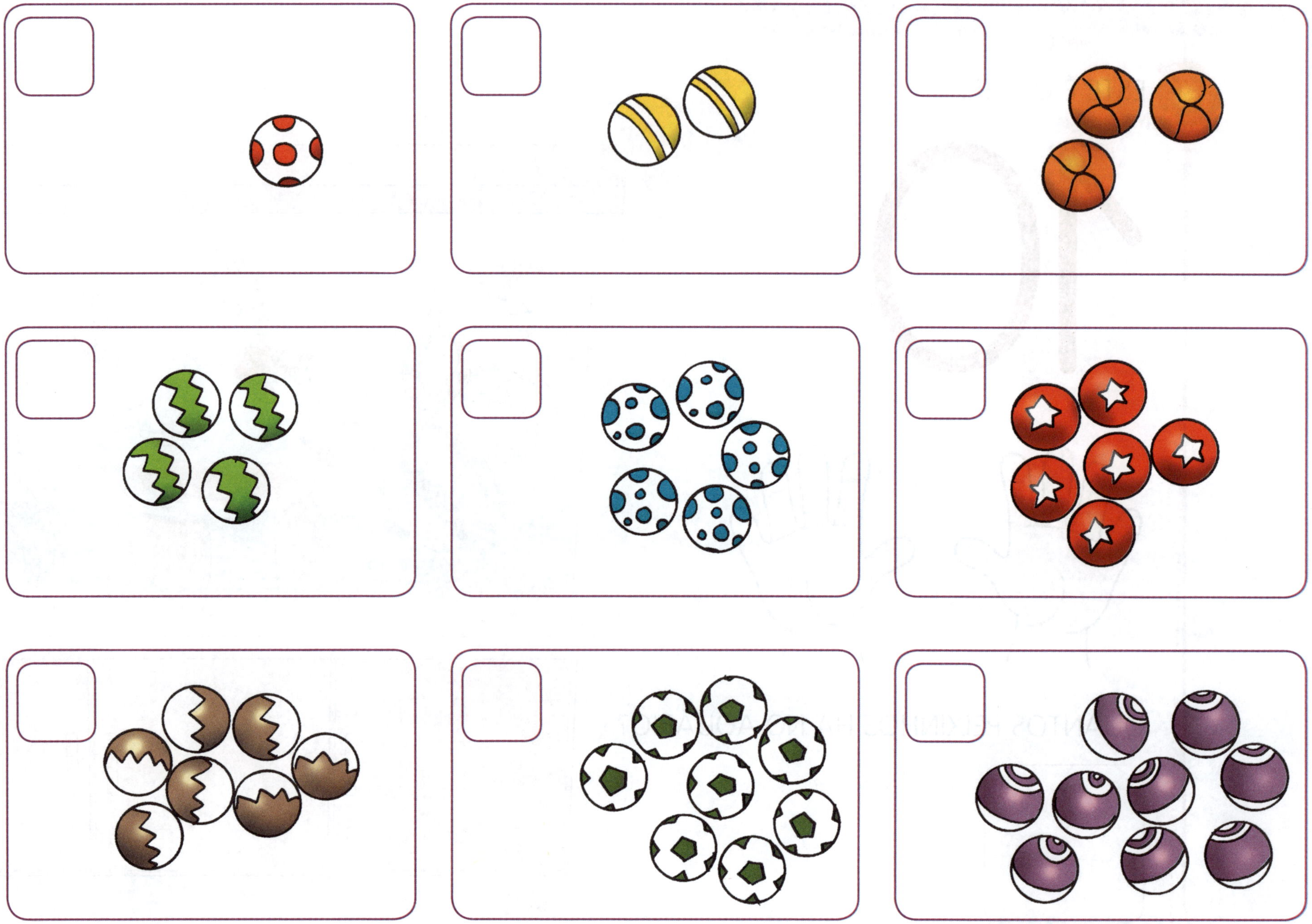

DATA: ____ /____ /____

VEJA OS CASTELOS QUE AS CRIANÇAS FIZERAM.

QUANTOS CASTELOS FEZ O MENINO? ☐

QUANTOS CASTELOS FEZ A MENINA? ☐

QUANTOS CASTELOS FIZERAM OS DOIS JUNTOS? ☐

Ilustra Cartoon/Arquivo da editora

VAMOS BRINCAR COM OS NÚMEROS?

ESCREVA O NÚMERO QUE VEM **ANTES**.

	3

	10

	7

ESCREVA O NÚMERO QUE VEM **DEPOIS**.

4	

8	

0	

ESCREVA O NÚMERO QUE ESTÁ **ENTRE**.

1		3

8		10

4		6

AGORA, COMPLETE A CARTELA.

0	1		3		5		7		9	10

DATA: _____ /_____ /_____

OBSERVE A CENA.
VAMOS SOMAR AS QUANTIDADES?

Ilustrações: ilustra Cartoon/Arquivo da editora

_____ + _____ = ☐

_____ + _____ = ☐

_____ + _____ = ☐

DATA: ____ /____ /____

CARLOS E SEUS AMIGOS QUEREM COMPRAR UM JOGO DA MEMÓRIA QUE CUSTA 7 REAIS. VAMOS AJUDÁ-LOS A CONTAR QUANTO DINHEIRO ELES TÊM?

Ilustrações: Ilustra Cartoon/Arquivo da editora

CARLOS TEM ________ REAIS. **MARCELO TEM ________ REAIS.** **PEDRO TEM ________ REAIS.**

JUNTOS ELES TÊM ________ REAIS.

ELES VÃO CONSEGUIR COMPRAR O JOGO? ☐ SIM. ☐ NÃO.

OS MENINOS ESTÃO COMPRANDO O JOGO DA MEMÓRIA. VEJA:

Ilustra Cartoon/Arquivo da editora

OS MENINOS TÊM 10 REAIS, E O JOGO DA MEMÓRIA CUSTA 7 REAIS.

DEPOIS DE COMPRAR O JOGO, ELES FICARÃO COM _______ REAIS.

DATA: _____ /_____ /_____

NÚMEROS DE 11 A 20

HAVERÁ UMA GINCANA NA ESCOLA. VINTE CRIANÇAS VÃO PARTICIPAR DA GINCANA.

Ilustra Cartoon/Arquivo da editora

ESTES SÃO OS NÚMEROS DE 11 A 20. VEJA.

11	12	13	14	15	16	17	18	19	20

AS CRIANÇAS QUE VÃO PARTICIPAR DA GINCANA PRECISAM PASSAR POR 20 PNEUS. BIANCA JÁ PASSOU POR 10 E ESTÁ NA SEGUNDA ETAPA DESSA CORRIDA. VEJA:

Ilustra Cartoon/Arquivo da editora

FAÇA UM **X** NO OBSTÁCULO DE NÚMERO 15.
CIRCULE O ÚLTIMO OBSTÁCULO.

DATA: _____ /_____ /_____

BIANCA FOI QUEM GANHOU A GINCANA.
AGORA NATÁLIA, SUA IRMÃ, QUER COMPRAR UM URSINHO DE PELÚCIA PARA DAR DE PRESENTE PARA ELA.

Ilustra Cartoon/Arquivo da editora

VEJA QUANTO NATÁLIA CONSEGUIU JUNTAR DE DINHEIRO.

Reprodução/Casa da Moeda do Brasil/Ministério da Fazenda

NATÁLIA VAI CONSEGUIR COMPRAR O URSINHO? ☐ SIM. ☐ NÃO.

O TEMA É...

MANTER O MEIO AMBIENTE LIMPO!

A PRAIA ESTÁ MUITO SUJA!
CIRCULE OS OBJETOS QUE NÃO DEVERIAM ESTAR NA AREIA.

Ilustra Cartoon/Arquivo da editora

DATA: _____ /_____ /_____

HORA DE BRINCAR

LIGUE OS PONTOS

A CRIANÇA QUE FICOU EM SEGUNDO LUGAR NA GINCANA TAMBÉM GANHOU UM PRÊMIO MUITO ESPECIAL.

LIGUE OS PONTOS E DESCUBRA QUAL FOI O PRÊMIO QUE ELA GANHOU.

Ilustra Cartoon/Arquivo da editora

DATA: _____ /_____ /_____

SUGESTÕES PARA O ALUNO

LIVROS

Reprodução/Editora Cosac Naify

A PARTE QUE FALTA, DE SHEL SILVERSTEIN. SÃO PAULO: COSAC NAIFY, 2013.

ESTE LIVRO CONTA A HISTÓRIA DE UM SER CIRCULAR COM UMA FALHA, UMA PARTE QUE FALTA. OTIMISTA, ELE SE LANÇA NO MUNDO À PROCURA DE PREENCHER ESTA LACUNA.

Reprodução/Editora Ática

AS TRÊS PARTES, DE EDSON LUIZ KOZMINSKI. SÃO PAULO: ÁTICA, 2009.

ERA UMA VEZ UMA CASA, QUE VIROU PÁSSARO, QUE VIROU BARCO, QUE VIROU PEIXE...

ACOMPANHE AS BRINCADEIRAS DESSAS TRÊS FORMAS GEOMÉTRICAS QUE CADA HORA QUERIAM SER UMA COISA.

Reprodução/Editora Callis

BUGIGANGAS, DE HYE EUN SHIN, KEUN HO KO E HONG JU. SÃO PAULO: CALLIS, 2009.

ESTE LIVRO APRESENTA ÀS CRIANÇAS O SENTIDO QUANTITATIVO DOS NÚMEROS, AO MESMO TEMPO QUE ABORDA O TEMA DA RECICLAGEM. TRATA-SE DE UMA OBRA QUE AJUDA OS PEQUENOS A TRAÇAR AS PRIMEIRAS RELAÇÕES ENTRE OS NÚMEROS E AS QUANTIDADES.

Reprodução/Editora Melhoramentos

FLICTS, DE ZIRALDO. SÃO PAULO: MELHORAMENTOS, 2012.

TUDO TEM COR. O MUNDO É FEITO DE CORES, MAS NENHUMA É FLICTS. UMA COR RARA QUE PROCUROU EM VÃO UM AMIGO ENTRE AS OUTRAS CORES. ABANDONADA, FLICTS OLHOU PARA LONGE, PARA O ALTO, E SUBIU, PARA FINALMENTE ENCONTRAR-SE.

Ilustrações: Juan Carlos Federico/Arquivo da editora

Reprodução/Editora Scipione

GRANDE OU PEQUENA?, DE BEATRIZ MEIRELLES. SÃO PAULO: SCIPIONE, 2011.

PARA BRINCAR NA RUA, MARIANA AINDA É PEQUENA. MAS JÁ É GRANDE DEMAIS PARA CHUPAR CHUPETA. A MENINA FICA CONFUSA, SEM SABER O QUE PODE E O QUE NÃO PODE FAZER. SERÁ QUE SEUS PAIS CONSEGUIRÃO AJUDÁ-LA A COMPREENDER A IMPORTÂNCIA DE TANTAS REGRAS?

Reprodução/Editora Scipione

O OUTRO LADO DO LADO, DE BEBETE ALVIM. SÃO PAULO: SCIPIONE, 2010.

UMA MENINA E UM MENINO MOSTRAM OS DOIS LADOS DE CADA COISA: A CARA A COROA DA MOEDA, O LADO ESQUERDO E O DIREITO DE UM ROSTO, O COMEÇO E O FIM DA HISTÓRIA, A IDA E A VOLTA DO CAMINHO, A FRENTE E O VERSO DE UM QUADRO. OS DESENHOS DELICADOS E EXPRESSIVOS AJUDAM A EXPLICAR CONTRASTES COMUNS EM SITUAÇÕES COTIDIANAS.

Reprodução/Editora Cosac Naify

PEQUENO 1, DE ANN RAND E PAUL RAND. SÃO PAULO: COSAC NAIFY, 2007.

PEQUENO 1 SOFRE COM A FALTA DE AMIGOS: TODOS ESTÃO MUITO OCUPADOS OU JÁ TÊM AMIGOS SUFICIENTES. ATÉ QUE UM DIA PEQUENO 1 CONHECE UMA ARGOLA VERMELHA E, DE REPENTE, UMA HISTÓRIA EM QUE SÓ HAVIA SUBTRAÇÃO VIRA UM CASO DE ADIÇÃO. QUAL SERÁ O RESULTADO DO ENCONTRO DA ARGOLA COM O PEQUENO 1?

Reprodução/Editora Berlendis & Vertecch

PEQUENO AZUL E PEQUENO AMARELO, DE LEO LIONNI. SÃO PAULO: BERLENDIS & VERTECCH, 2005.

PEQUENO AZUL E PEQUENO AMARELO SÃO GRANDES AMIGOS. OS DOIS SE ABRAÇAM TÃO APERTADO QUE ACABAM FICANDO VERDES! OS DOIS BRINCAM E SE DIVERTEM BASTANTE NESSA SUA NOVA CONDIÇÃO. MAS, NA HORA DE VOLTAR PARA CASA, SEUS PAIS NÃO OS RECONHECEM. E AGORA?

CD

Bia Bedran/MCD

PANDALELÊ. BIA BEDRAN. MCD, 2005.

ESTE CD APRESENTA AS BRINCADEIRAS POPULARES DO NOSSO PAÍS, RESGATANDO A TRADIÇÃO INFANTIL. TRATA-SE DE UM CONJUNTO DE LIVRO, CD ÁUDIO E CD-ROM QUE CONTÉM, AO TODO, 24 CANTIGAS DE RODA COM SUAS RESPECTIVAS BRINCADEIRAS.

DVDs

Reprodução/Paramount

BEBÊ MAIS FORMAS. BRASIL: PARAMOUNT, 2006.

NESTE DVD, AS PRINCIPAIS FORMAS GEOMÉTRICAS – COMO CÍRCULO, QUADRADO, TRIÂNGULO E RETÂNGULO – SÃO APRESENTADAS DE MANEIRA DIVERTIDA, POR MEIO DE PERSONAGENS QUE AS CRIANÇAS VÃO AMAR.

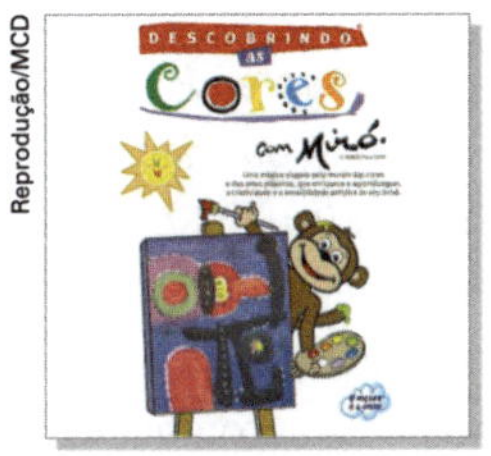

Reprodução/MCD

DESCOBRINDO AS CORES. ARGENTINA: MCD, 2009.

POR MEIO DE UMA DIVERTIDA HISTÓRIA APRESENTADA POR BUBBA E SUA TURMA, O DVD ESTIMULA NAS CRIANÇAS O GOSTO PELA ARTE, ALÉM DE EXERCITAR SUA CAPACIDADE DE EXPRESSÃO E IMAGINAÇÃO JUNTO ÀS OBRAS DO PINTOR JOAN MIRÓ.

SITES@

<WWW.SMARTKIDS.COM.BR>

<HTTP://TVRATIMBUM.CMAIS.COM.BR>

<HTTP://TVCULTURA.CMAIS.COM.BR/COCORICO>

<HTTP://MUNDONICK.UOL.COM.BR>

@ ACESSOS EM: 19 FEV. 2015.

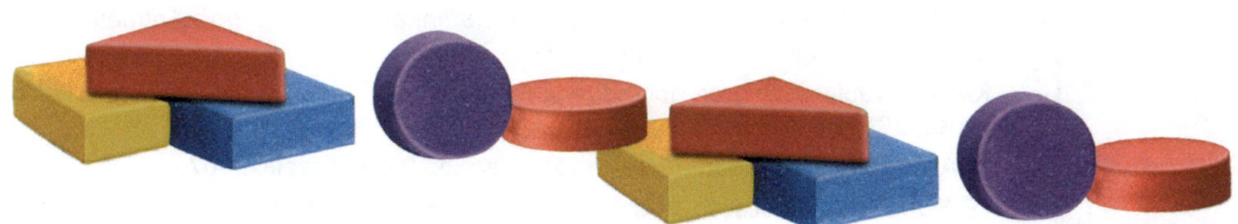

Ilustrações: Juan Carlos Federico/Arquivo da editora

BIBLIOGRAFIA

ADAMS, M. J. et al. *Consciência fonológica em crianças pequenas*. Porto Alegre: Artmed, 2006.

ALMEIDA, Rosangela Doin de. *Espaço e tempo na Educação Infantil*. São Paulo: Contexto, 2014.

AYRES, Sonia Nunes. *Educação Infantil*: teorias e práticas para uma proposta pedagógica. Petrópolis: Vozes, 2012.

BRASIL. Ministério da Educação. Secretaria de Educação Fundamental. *Referencial Curricular Nacional para a Educação Infantil*. Brasília, 1998. 3 v.

BRITO, T. A. *Música na Educação Infantil*. São Paulo: Peirópolis, 2003.

CHATEAU, J. *O jogo e a criança*. São Paulo: Summus, 1987.

COLL, C.; MARTIN, E. et al. *Aprender conteúdos e desenvolver capacidades*. Tradução de Cláudia Schilling. Porto Alegre: Artmed, 2004.

CÓRIA-SABINI, Maria Aparecida. *Jogos e brincadeiras na Educação Infantil*. Campinas: Papirus, 2012.

DANTE, L. *Didática da Matemática na pré-escola*. São Paulo: Ática, 1996.

DEVRIES, R. *O currículo construtivista na Educação Infantil*: práticas e atividades. Porto Alegre: Artmed, 2003.

FABER, A.; MAZLISH, E. *Como falar para o aluno aprender*. São Paulo: Summus, 2005.

FERREIRA, S. *Imaginação e linguagem no desenho da criança*. Campinas: Papirus, 1998.

FERREIRO, E. *Reflexões sobre alfabetização*. São Paulo: Cortez, 2001.

FRIEDMANN, A. *A arte de brincar*: brincadeiras e jogos tradicionais. Petrópolis: Vozes, 2004.

________. *Brincar*: crescer e aprender; o resgate do jogo infantil. São Paulo: Moderna, 1998.

GARDNER, H. *A criança pré-escolar*: como pensa e como a escola pode ensiná-la. Tradução de C. A. N. Soares. Porto Alegre: Artmed, 1994.

GOBBI, Maria Aparecida; PINAZZA, Mônica Appezzato (Org.). *Infância e suas linguagens*. São Paulo: Cortez, 2014.

HOFFMAN, J. *Avaliação na pré-escola*: um olhar sensível e reflexivo sobre a criança. Porto Alegre: Mediação, 1999.

JEANDOT, N. *Explorando o universo da música*. São Paulo: Scipione, 1990.

JESUS, A. C. A. de. *Como aplicar jogos e brincadeiras na Educação Infantil*. Rio de Janeiro: Brasport, 2010.

JUNQUEIRA FILHO, G. *Linguagens geradoras*: seleção e articulação de conteúdos em Educação Infantil. Porto Alegre: Mediação, 2005.

KAMII, C.; JOSEPH, L. L. *Crianças pequenas continuam reinventando a Aritmética*: implicações da teoria de Piaget. Porto Alegre: Artmed, 2005.

KANAN, Fabiana. *Brincar*: aprendizagem para a vida. Tradução de Avril Brock. Porto Alegre: Penso, 2011.

KRAEMER, M. L. *Quando brincar é aprender*. São Paulo: Loyola, 2007.

LE BOULCH, J. *Educação psicomotora*: a psicocinética na idade escolar. Tradução de Jeni Wolff. Porto Alegre: Artmed, 1987.

LUCKESI, C. C. *Avaliação da aprendizagem escolar*. São Paulo: Cortez, 2003.

MACEDO, L.; PETTY, A. L. S.; PASSOS, N. C. *Aprender com jogos e situações-problema*. Porto Alegre: Artmed, 2000.

MACHADO, M. *O brinquedo-sucata e a criança*: a importância do brincar: atividade e materiais. São Paulo: Loyola, 1995.

MAIA, J. *Literatura na formação de leitores e professores*. São Paulo: Paulinas, 2007. (Literatura & Ensino).

MELLO, Ana Maria (Org.). *O dia a dia das creches e pré-escolas*: crônicas brasileiras. Porto Alegre: Artmed, 2010.

MERCEDES, Carvalho; BAIRRAL, Marcelo Almeida (Org.). *Matemática na Educação Infantil*: investigação e possibilidades de práticas pedagógicas. Petrópolis: Vozes, 2012.

MIRANDA, N. *200 jogos infantis*. Belo Horizonte: Itatiaia, 2002.

MORAS, I. *Fantoches, bonecos articulados e cia. de papel e cartolina*. São Paulo: Paulinas, 1998.

MOYLES, J. R. et al. *A excelência do brincar*. Tradução de Maria Adriana Veronese. Porto Alegre: Artmed, 2006.

NISTA-PICCOLO, Vilma Leni. *Corpo em movimento na Educação Infantil*. São Paulo: Cortez, 2012.

NUNES, T.; BRYANT, P. *Crianças fazendo Matemática*. Porto Alegre: Artes Médicas, 1997.

OSTETTO, Luciana Esmeralda (Org.). *Encontros e encantamentos na Educação Infantil*. Campinas: Papirus, 2012.

PANIAGUA, G.; PALACIOS, J. *Educação Infantil*: resposta educativa à diversidade. Tradução de Fátima Murad. Porto Alegre: Artmed, 2007.

REAME, Eliane et al. *Matemática no dia a dia da Educação Infantil*: rodas, cantos, brincadeiras e histórias. São Paulo: Saraiva, 2013.

SANTOS, J. G. W.; ALVES, J. M. *O jogo de dominó com contexto interativo para construção de conhecimentos pré-escolares*. Porto Alegre: Scielo, 2000.

SANTOS, S. M. P. dos (Org.). *Brinquedoteca*: o lúdico em diferentes contextos. São Paulo: Vozes, 1997.

SCHILLER, P.; ROSSANO, J. *Ensinar e aprender brincando*. Porto Alegre: Artmed, 2007.

SMOLE, K. S. *A Matemática na Educação Infantil*: a teoria das inteligências múltiplas na prática escolar. Porto Alegre: Artmed, 2000.

SMOLE, K. S.; DINIZ, M. L.; CÂNDIDO, P. *Figuras e formas*. Porto Alegre: Artmed, 2003. v. 3. (Matemática de 0 a 6).

________. *Brincadeiras infantis nas aulas de Matemática*. Porto Alegre: Artmed, 2000. (Matemática de 0 a 6).

________. *Construção da inteligência pela criança*. São Paulo: Scipione, 2002.

WARNER, P. *Aprender brincando*. Tradução de Dinah Abres Azevedo. São Paulo: Ground, 2005.

ZORZI, J. L. *Aprender a escrever*: a apropriação do sistema ortográfico. Porto Alegre: Artmed, 1998.

MATERIAL DE APOIO

FIGURAS PARA A ATIVIDADE DA **PÁGINA 22**.

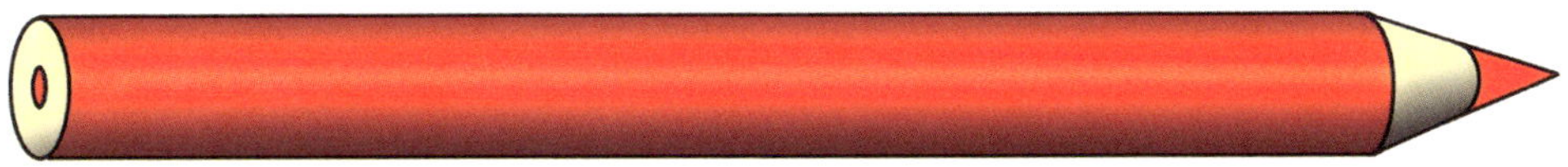

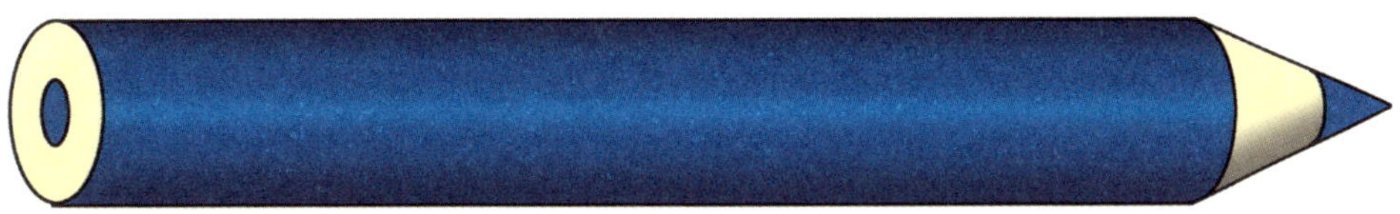

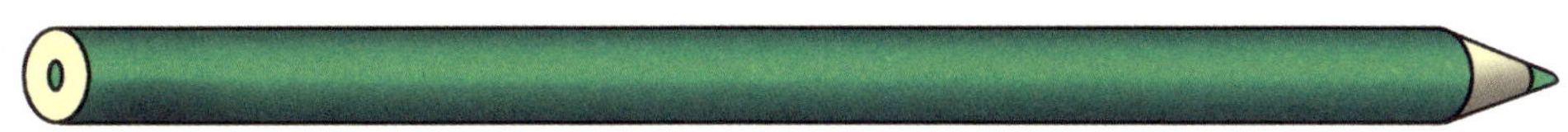

Ilustrações Kanton/Arquivo da editora

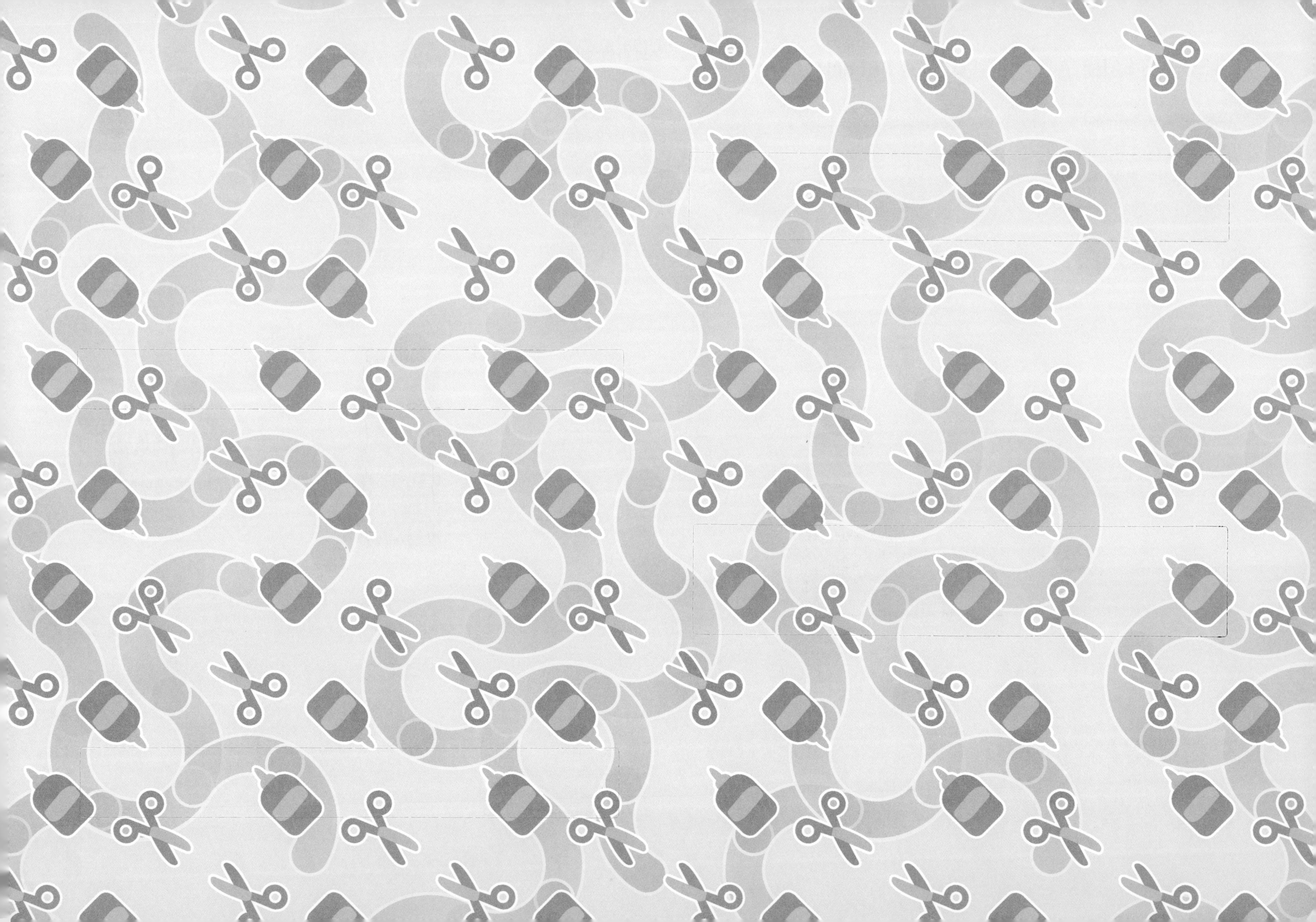

FIGURAS PARA A ATIVIDADE DA **PÁGINA 56**.

FIGURAS PARA A ATIVIDADE DA **PÁGINA 64**.

Ilustrações Ilustra Cartoon/Arquivo da editora

FIGURAS PARA A ATIVIDADE DA **PÁGINA 72**.

Ilustra Cartoon/Arquivo da editora

FIGURAS PARA A ATIVIDADE DA **PÁGINA 86**.

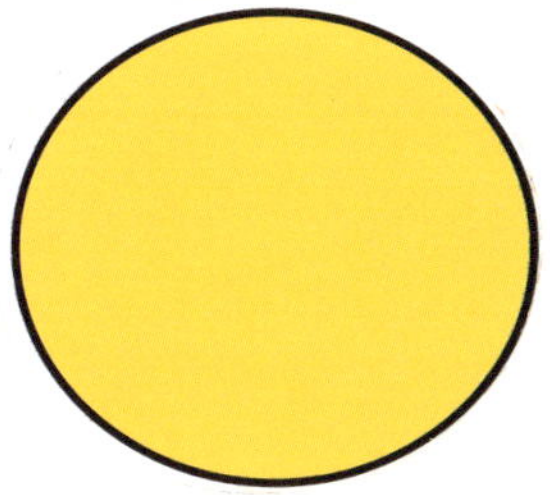

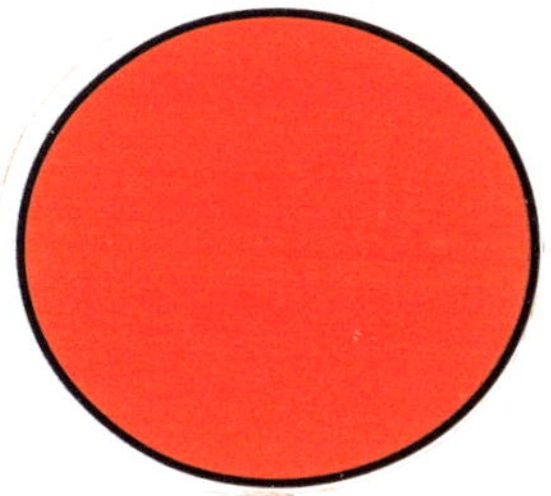

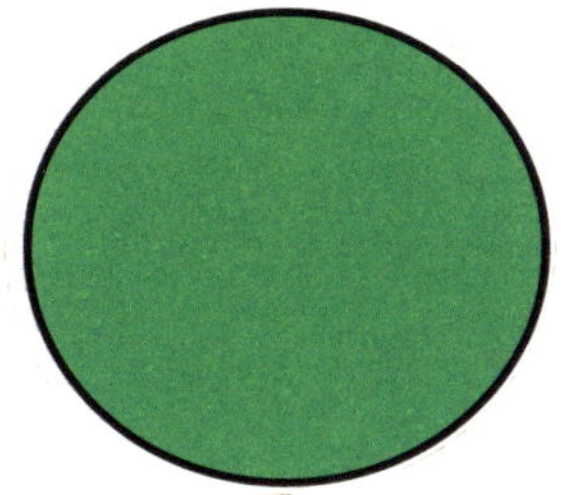

FIGURAS PARA A ATIVIDADE DA **PÁGINA 102**.

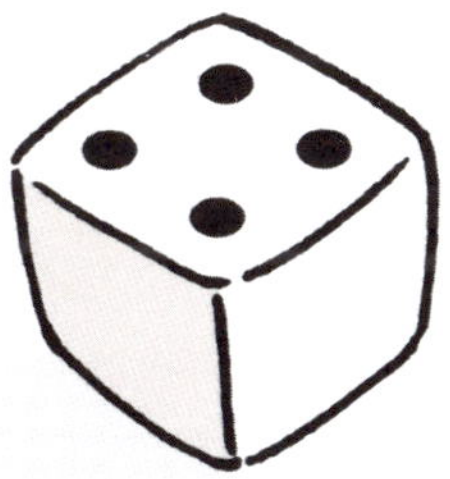

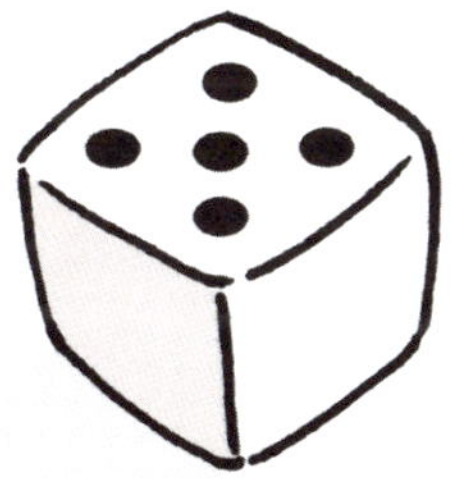

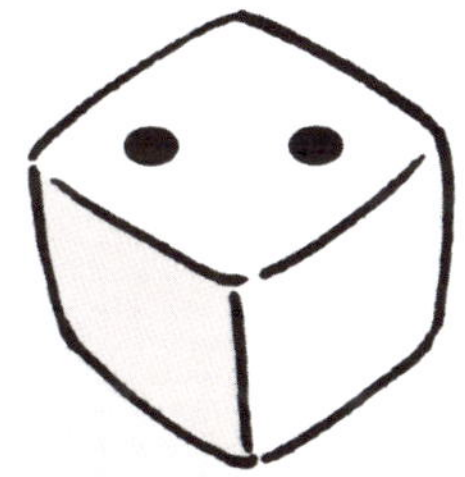

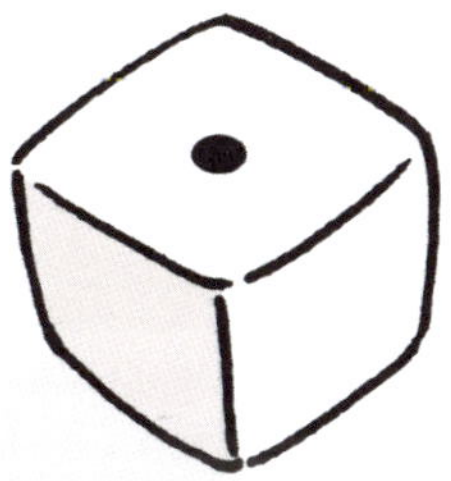

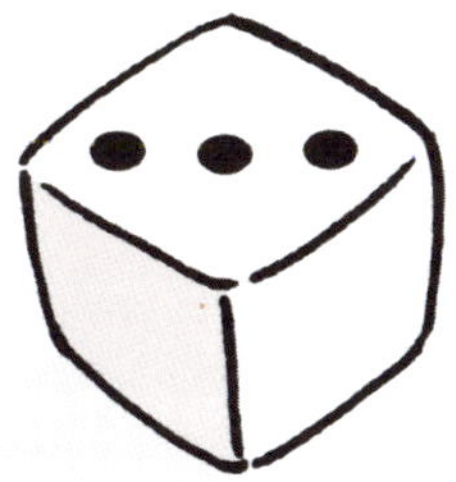

Ilustrações: Kanton e Silvana/Arquivo da editora

FIGURAS PARA A ATIVIDADE DAS **PÁGINAS 87**, **107**, **110**, **126**, **127** E **130**.

Casa da Moeda do Brasil/Ministério da Fazenda

BANCO CENTRAL DO BRASIL
A F 013603598
2
DOIS REAIS

BANCO CENTRAL DO BRASIL
A F 013603598
2
DOIS REAIS

BANCO CENTRAL DO BRASIL
A F 013603598
2
DOIS REAIS

BANCO CENTRAL DO BRASIL
A A 036754302
5
CINCO REAIS

BANCO CENTRAL DO BRASIL
A A 036754302
5
CINCO REAIS

BANCO CENTRAL DO BRASIL
A A 036754302
5
CINCO REAIS

BANCO CENTRAL DO BRASIL
A F 041679634
10
DEZ REAIS

BANCO CENTRAL DO BRASIL
A F 041679634
10
DEZ REAIS

BANCO CENTRAL DO BRASIL
A F 041679634
10
DEZ REAIS

BANCO CENTRAL DO BRASIL
C A 017267290
50
CINQUENTA REAIS

BANCO CENTRAL DO BRASIL
A E 015088398
20
VINTE REAIS

BANCO CENTRAL DO BRASIL
A E 015088398
20
VINTE REAIS

FIGURAS PARA A ATIVIDADE DA **PÁGINA 90**.

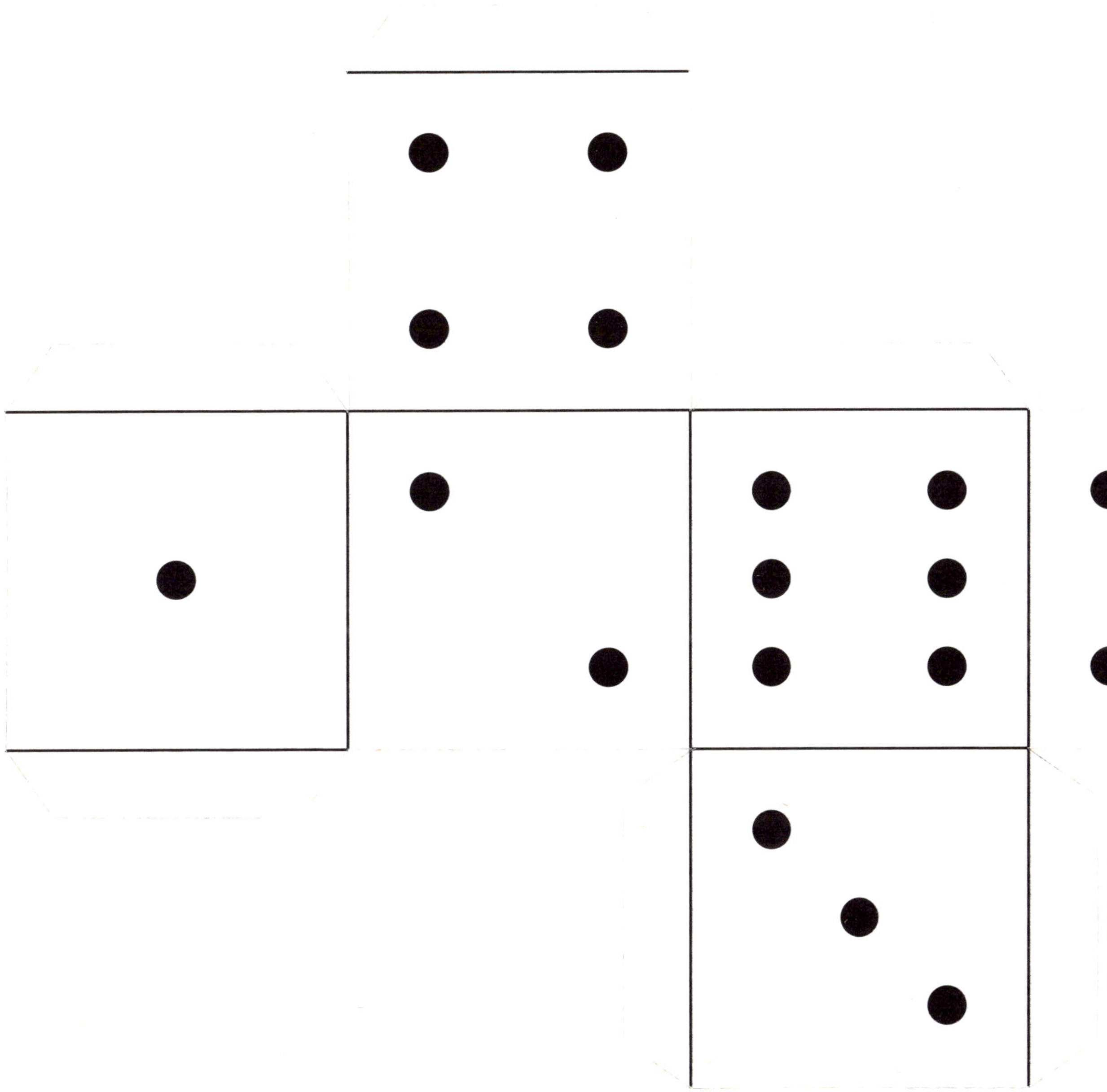

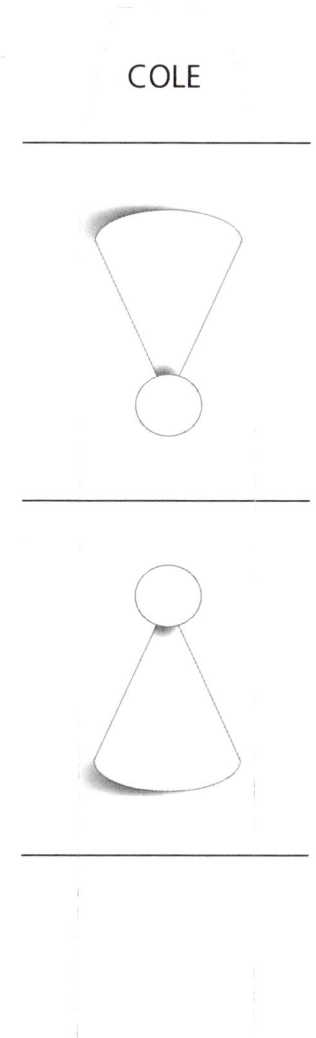

ADESIVOS PARA A ATIVIDADE DA **PÁGINA 8**.

Ilustrações: Kanton e Silvana/Arquivo da editora

ADESIVOS PARA A ATIVIDADE DA **PÁGINA 71**.

Ilustrações: Ilustra Cartoon/Arquivo da editora

ADESIVOS PARA A ATIVIDADE DA **PÁGINA 16**.

Ilustrações: Kanton/Arquivo da editora

MARCHA CRIANÇA

EDUCAÇÃO INFANTIL

2

ALMANAQUE DOS NÚMEROS

MATEMÁTICA

editora scipione

MARCHA CRIANÇA

EDUCAÇÃO INFANTIL

2

ALMANAQUE DOS NÚMEROS

MATEMÁTICA

editora scipione

editora scipione

Diretoria de conteúdo e inovação pedagógica
Mário Ghio Júnior
Diretoria editorial
Lidiane Vivaldini Olo
Gerência editorial
Luiz Tonolli
Editoria de Anos Iniciais
Tatiany Telles Renó
Edição
Tatiany Telles Renó e
Nathalia de Oliveira Matsumoto
Arte
Ricardo de Gan Braga (superv.),
Andréa Dellamagna (coord. de criação),
Gláucia Correa Koller (progr. visual de capa e miolo),
Elen Coppini Camioto (editora de arte),
Christine Getschko (assist. de arte)
Revisão
Hélia de Jesus Gonsaga (ger.),
Rosângela Muricy (coord.), Ana Curci,
Vanessa de Paula Santos e Brenda Morais (estag.)
Iconografia
Sílvio Kligin (superv.), Tamires Reis Castillo (pesquisa),
César Wolf e Fernanda Crevin (tratamento de imagem)
Ilustrações
Ilustra Cartoon

Foto da capa: HandMadeFont.com/
Shutterstock/Glow Images

Direitos desta edição cedidos à Editora Scipione S.A.
Avenida das Nações Unidas, 7221, 3º andar, Setor D
Pinheiros – São Paulo – SP – CEP 05425-902
Tel.: 4003-3061
www.scipione.com.br / atendimento@scipione.com.br

2019
ISBN 978 85 262 9616 9 (AL)
ISBN 978 85 262 9615 2 (PR)
Cód. da obra CL 738971
CAE 541 702 (AL) / 541 682 (PR)
5ª edição
9ª impressão
Impressão e acabamento
A.R. Fernandez

Dados Internacionais de Catalogação na Publicação (CIP)
(Câmara Brasileira do Livro, SP, Brasil)

Marsico, Maria Teresa
Marcha criança : educação infantil : matemática / Maria Teresa Marsico, Armando Coelho de Carvalho Neto. – – 5. ed. – – São Paulo : Scipione, 2015. – – (Coleção marcha criança)

Obra em 3 v.

1. Matemática (Educação infantil) I. Carvalho Neto, Armando Coelho de. II. Título. III. Série.

15-02790 CDD-372.21

Índice para catálogo sistemático:
1. Matemática : Educação infantil 372.21

SUMÁRIO

VAMOS ESCREVER O NÚMERO **1**?

1 1 1 1

1

1

1

DATA: ____ /____ /____

VAMOS ESCREVER O NÚMERO **2**?

2 2 2 2

2

2

2

DATA: _____ /_____ /_____

VAMOS ESCREVER O NÚMERO **3**?

3 3 3 3

3

3

3

DATA: ____ /____ /____

VAMOS ESCREVER O NÚMERO **4**?

4 4 4 4

4

4

4

DATA: _____ /_____ /_____

VAMOS ESCREVER O NÚMERO **5**?

5 5 5 5

5

5

5

DATA: _____ /_____ /_____

VAMOS ESCREVER O NÚMERO **6**?

6 6 6 6

6

6

6

DATA: _____ /_____ /_____

VAMOS ESCREVER O NÚMERO **7**?

DATA: _____ /_____ /_____

VAMOS ESCREVER O NÚMERO **8**?

8 8 8 8

8

8

8

DATA: _____ /_____ /_____

VAMOS ESCREVER O NÚMERO **9**?

9 9 9 9

9

9

9

DATA: _____ /_____ /_____

VAMOS ESCREVER O NÚMERO **0**?

DATA: _____ /_____ /_____

VAMOS ESCREVER O NÚMERO **10**?

10 10 10 10

10

10

10

DATA: _____ /_____ /_____

VAMOS ESCREVER OS NÚMEROS DE **11** A **20**?

11 12 13 14 15 16 17 18 19 20

11 12 13 14 15 16 17 18 19 20

DATA: ____ /____ /____

RECORTE DE REVISTAS E JORNAIS FIGURAS EM QUE APARECEM NÚMEROS DE 0 A 20 E COLE-AS NO ESPAÇO ABAIXO.

DATA: _____ /_____ /_____

AS CRIANÇAS ESTÃO BRINCANDO DE AMARELINHA. VAMOS AJUDÁ-LAS A COMPLETAR OS NÚMEROS QUE FALTAM?

DATA: _____ /_____ /_____

LIGUE OS NÚMEROS DE 0 A 20 E COMPLETE O DESENHO ABAIXO.

Ilustra Cartoon/
Arquivo da editora

DATA: _____ /_____ /_____

COMPLETE A CARTELA COM OS NÚMEROS QUE ESTÃO FALTANDO.

	2		4	
			9	10
11		13		
16				20

Ilustra Cartoon/Arquivo da editora

DATA: ____ /____ /____

AS ABELHAS LEVAM O NÉCTAR PARA A COLMEIA. ELAS VÃO PREPARAR O DELICIOSO MEL.

Ilustrações: Ilustra Cartoon/Arquivo da editora

QUANTAS ABELHAS HAVIA NA FLOR?

QUANTAS ABELHAS VOARAM PARA LONGE?

QUANTAS ABELHAS RESTARAM NA FLOR?

DATA: _____ /_____ /_____

ISADORA GANHOU UMA CAIXA DE BOMBONS DO PAI.

QUANTOS BOMBONS HÁ NA CAIXA?

ISADORA COMEU DOIS BOMBONS. DESENHE DENTRO DA CAIXA A QUANTIDADE DE BOMBONS QUE RESTOU.

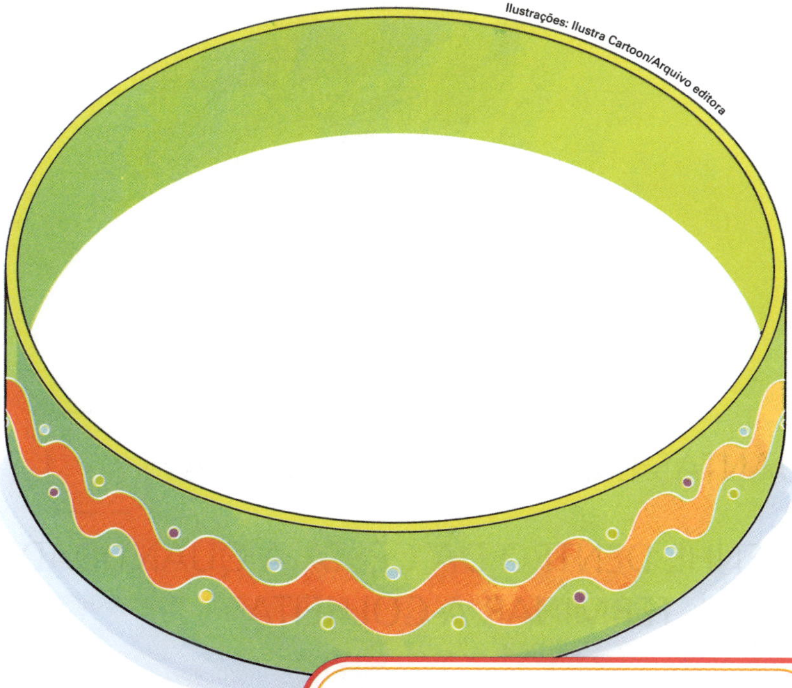

Ilustrações: Ilustra Cartoon/Arquivo editora

DATA: ______ /______ /______

SEU MIGUEL PRECISA COLHER 15 LARANJAS PARA PREPARAR UM DELICIOSO SUCO.

QUANTAS LARANJAS HÁ NA CESTA? ☐

DESENHE DENTRO DA CESTA A QUANTIDADE DE LARANJAS QUE FALTAM PARA SEU MIGUEL TERMINAR A COLHEITA.

DATA: _____ /_____ /_____

GABRIELA COMPROU 7 MAÇÃS. ELA COMEU 2 DELAS E DEU 3 PARA O SEU IRMÃO. PINTE A QUANTIDADE DE MAÇÃS QUE RESTARAM.

Ilustra Cartoon/ Arquivo da editora

ROBERTO E SUA MÃE QUEREM COMPRAR FLORES PARA DAR DE PRESENTE À AVÓ DO MENINO.

Ilustra Cartoon/Arquivo da editora

ROBERTO TEM 9 REAIS E SUA MÃE TEM 11 REAIS. JUNTOS, ELES TÊM ____________ REAIS.

ELES VÃO CONSEGUIR COMPRAR O PRESENTE?

☐ SIM ☐ NÃO

DATA: _____ /_____ /_____

MARCHA CRIANÇA
EDUCAÇÃO INFANTIL

editora scipione